お店やろうよ! ⑦

はじめての「居酒屋」オープンBOOK

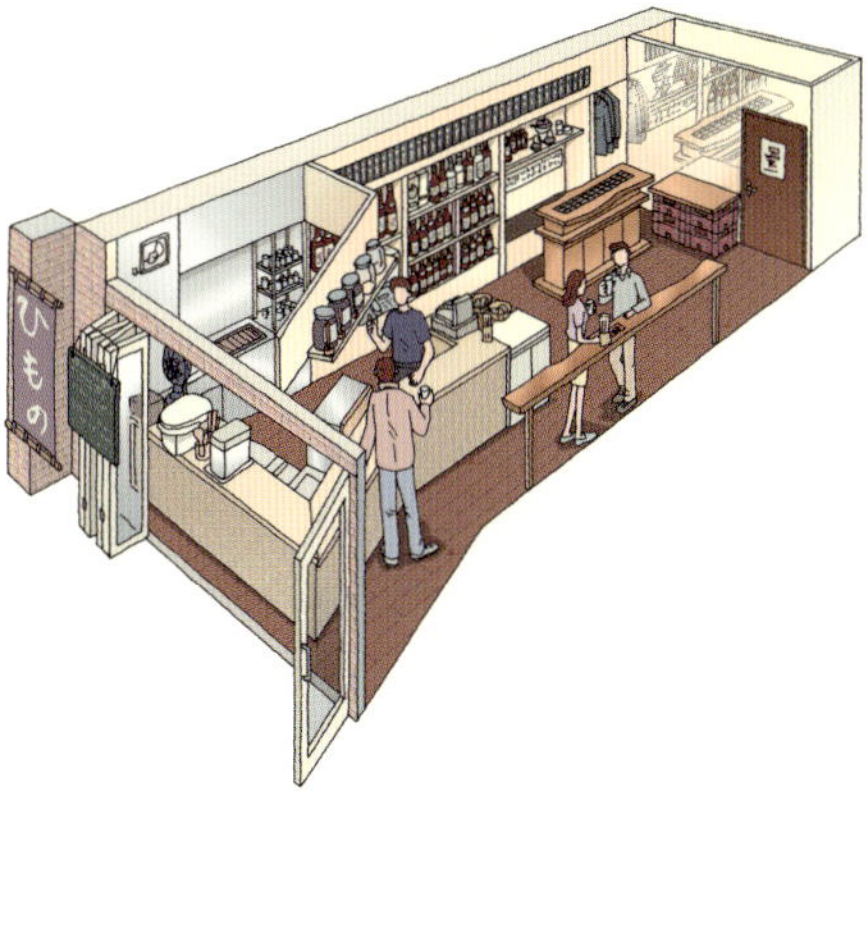

技術評論社

「居酒屋」は酒と肴、人との出会いの場

おいしい酒や肴、心地よい接客、清潔な店内――たくさんの人に長く愛される居酒屋にするには、何よりも居心地がいいこと。幾度も足を運んでくれるお客さま、そしてお店を支えてくれるさまざまな人の存在も重要になります。

〜中国のことわざ〜

焼き鳥の香ばしい匂いや、活気あるにぎわいに誘われて、ついふらり。居酒屋は、そんな気軽さで訪れることのできるお店です。全国各地の酒や旬の料理、珍味を味わえるだけでなく、仲間や家族、お店の人との気取りのないコミュニケーションも味のうち。あまりサイフの心配をせずにすむので、酒好きならずとも贔屓にしたくなります。たった1本の酒で充実した時間を過ごせるような飲食店はほかにないでしょう。

　しかし、お客さまに喜んでもらうお店にするには、さまざまな手間を惜しまない粘り強さが必要です。珍しい酒を仕入れたり、酒と料理の相性を考えたりするほか、食材の産地や全国各地の酒販店、蔵元に足を運

酒に十の徳あり

んで直接取り引きを交渉する店主も少なくありません。一度決めた取引業者とのつき合いは長くなりますから、ときには酒を飲みながら話を聞いたりすることも大切な仕事です。

　また、什器・設備や店舗設計、内装工事などの専門業者やお店のスタッフといった、お店づくりに協力してくれる人との信頼関係も築かなければいけません。開店当初からお店がうまくいくとは限らず、つねにメニュー開発をしたり、新たな仕入れ先を探したりすることも必要です。

　酒選びや料理の味つけ、お店の雰囲気づくりなど、開店する地域の特性によって修正すべきことも出てくるかもしれません。しかし、さまざまな試練を乗り越えてこそ、お店づくりの喜びも生まれ、1人のお客さまにも笑顔で対応することができます。

　居酒屋は気軽に入れるお店ですが、同時に長く通いたくなる面もあります。もう一度来てみたいと思われるような居酒屋になりたいものです。

居酒屋店主語録

「おいしいといわれる喜びがあるから続けられるんです」(善知鳥　P012)

「つねによりよい食材を求め、毎日漁師や農家などの生産者と情報交換しています」(方舟　P024)

「居酒屋経営は誰でもはじめられる門戸の広さがあります」(宮崎焼酎カフェ 弦月　P060)

「耳を大きく目をよく開き、いろんなことをとことん吸収してください」(酔壱や　P072)

■居酒屋で1回あたりの予算は？

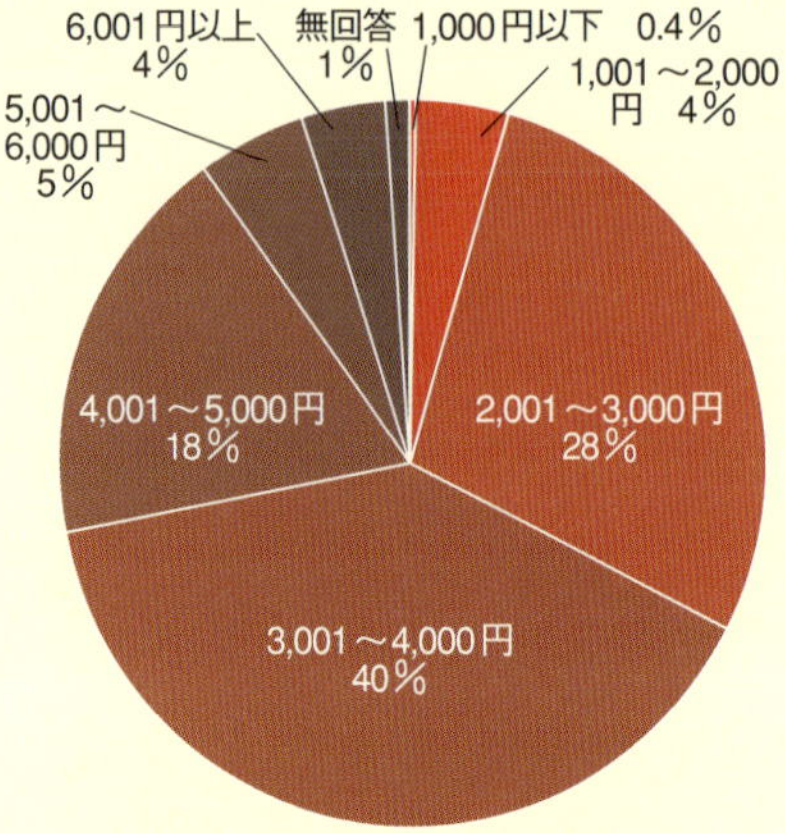
6,001円以上
4％
無回答
1％
1,000円以下 0.4％
1,001～2,000円 4％
5,001～6,000円
5％
2,001～3,000円
28％
4,001～5,000円
18％
3,001～4,000円
40％

居酒屋で使う予算は3,000円代がもっとも多い。酒だけでなく料理メニューが豊富になり、楽しみ方の幅が広がっていることで、サイフのひももややゆるくなりがちか。

■居酒屋に行く頻度は？

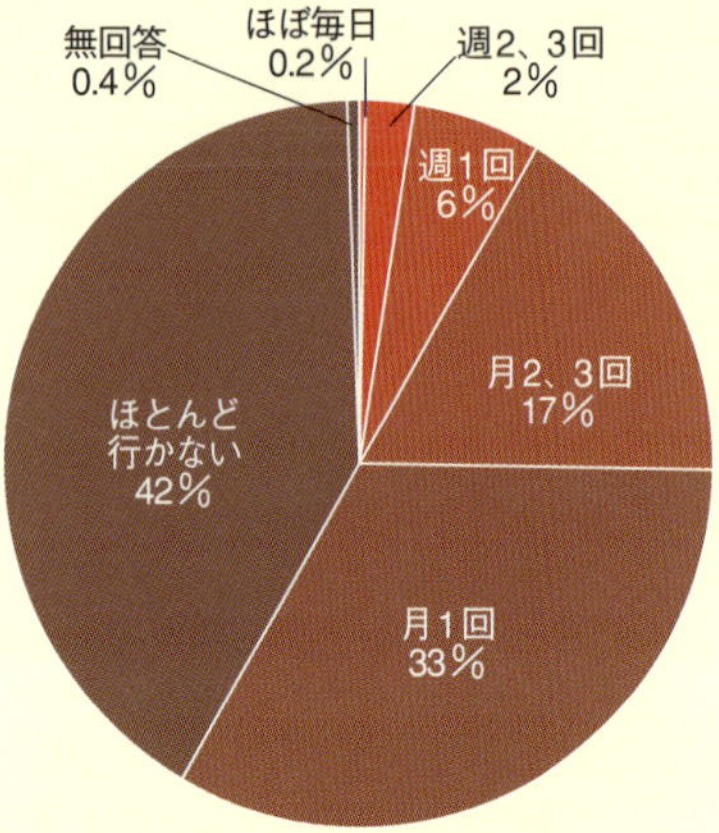
無回答
0.4％
ほぼ毎日
0.2％
週2、3回
2％
週1回
6％
月2、3回
17％
ほとんど行かない
42％
月1回
33％

半数以上の人が、定期的に居酒屋を利用している。女性や若年層の居酒屋ファンが増えていることもあり、週に1回以上行くという人は8.2％にもなる。
（グラフの数値の一部は、小数点以下を四捨五入したものもあります）

選ばれるお店になるには、「個性」という味つけが必要

小さな居酒屋には、大きなFCチェーン店にはできない、さまざまなサービス、雰囲気づくりが可能です。ほかの居酒屋にはない個性で、お客さまを喜ばせたいものです。

居酒屋といってもさまざまなスタイルがあります。女性や若い人にも人気の立ち飲みスタイルやスペインバル、また食の健康志向を反映してカロリーの低い酒を用意したり、有機野菜を提供するお店も増えています。大手のFCチェーン店では、利用者のニーズに合わせた料理メニューや均一なサービスで数多くのお客さまの支持を得ています。

ですから、居酒屋をはじめようとするなら、「安い・おいしい」は当然のこと。そのうえで独自のサービスを提供したり、インテリアに凝ったりと、どこかにウリがなければ、同じようなお店にお客さまを奪われてしまいます。

小さな居酒屋の魅力は、FCチェーン店にはできない「個性」でお客さまを呼べる点です。限られたお客さまでも、より大きな満足感を提供することで、何度も足を運んでもらうことができます。おもてなしの心が、大きな力を発揮するのです。

Good Wine needs no bush

〜英国のことわざ〜

■誰と居酒屋に行きますか？（複数回答）

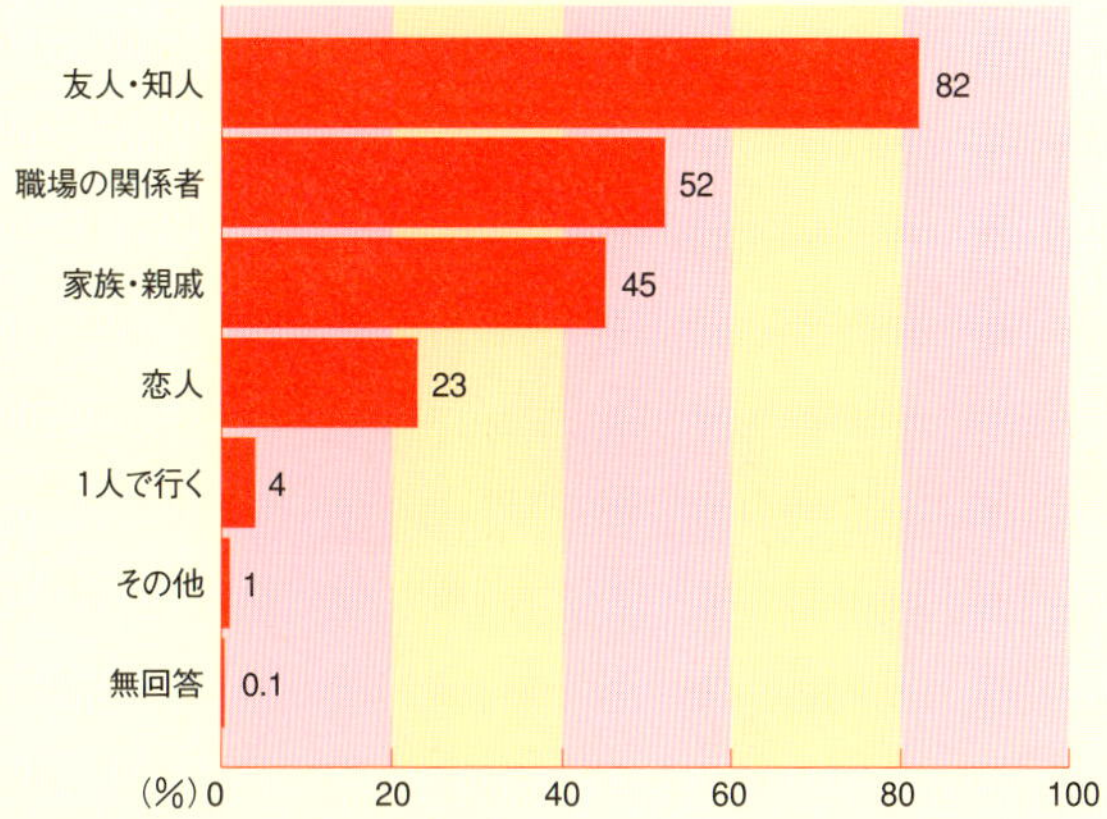

友人・知人 82
職場の関係者 52
家族・親戚 45
恋人 23
1人で行く 4
その他 1
無回答 0.1
（%）0 20 40 60 80 100

「友人・知人」「職場の関係者」のほか、「家族・親戚」と行くという人の割合が45％と高い。おもにＦＣチェーン店の利用かと思われるが、居酒屋の浸透具合がうかがえる。「1人で」という人も4％あり、さまざまな利用シーンがあることがわかる。

■居酒屋選びのポイントは？（複数回答）

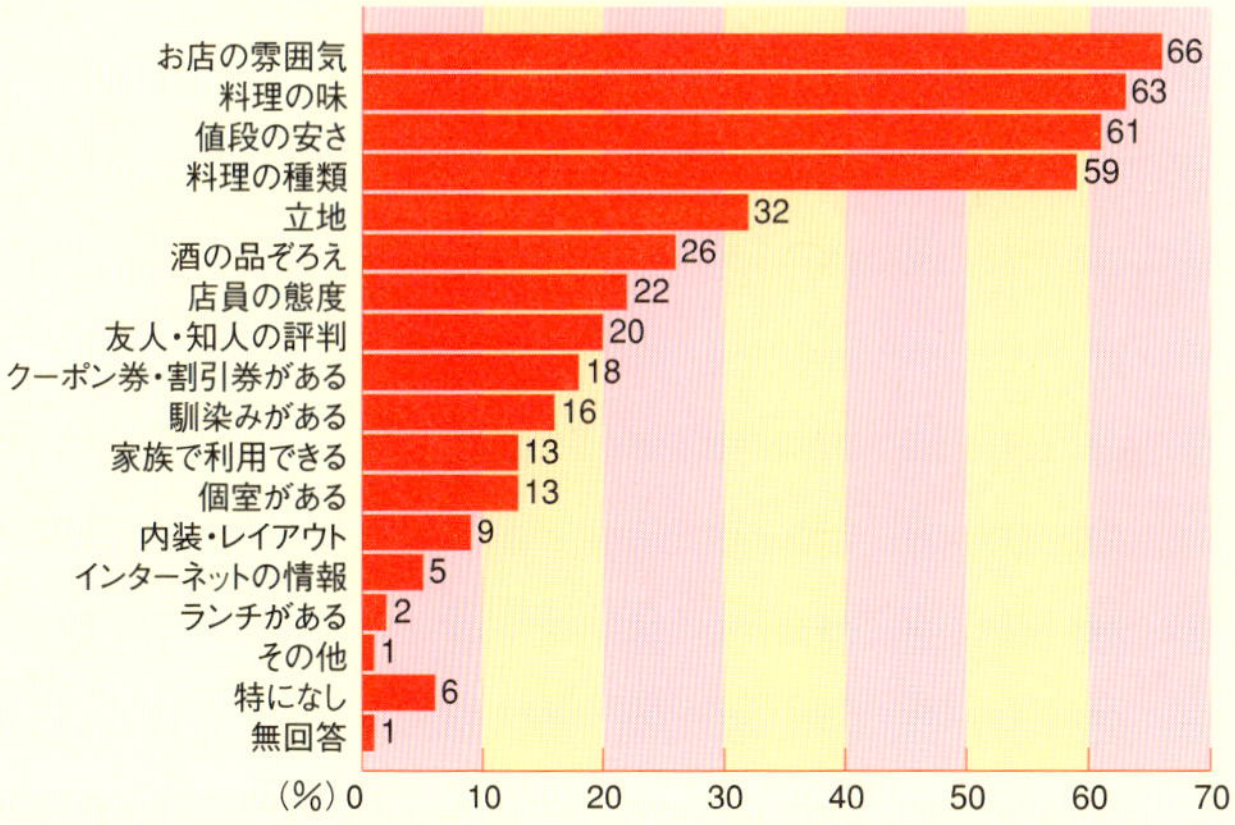

お店の雰囲気 66
料理の味 63
値段の安さ 61
料理の種類 59
立地 32
酒の品ぞろえ 26
店員の態度 22
友人・知人の評判 20
クーポン券・割引券がある 18
馴染みがある 16
家族で利用できる 13
個室がある 13
内装・レイアウト 9
インターネットの情報 5
ランチがある 2
その他 1
特になし 6
無回答 1
（%）0 10 20 30 40 50 60 70

「お店の雰囲気」がもっとも高い割合を占めているが、「店員の態度」「馴染みがある」といった居心地にかかわる回答にも注目したい。

各グラフの出典は、すべてマイボイスコム（株）による居酒屋の利用に関するウェブ形式のアンケート調査結果（2005年3月）。

お客さまを喜ばせる前に本当の満足を知っておこう！

本書に登場する11店の居酒屋店主は、酒と食べ物はもちろん、人をもてなすのが大好きな人たち。自分の夢をお店に託し、それを実現させただけでなく、数多くのファンに囲まれて楽しく仕事をしています。

本格的な料理店で修業を積んだ人もいれば、ほとんど素人からたたき上げた人、仲間と協力して夢を実現した人など、ひと口に居酒屋経営といっても、さまざまなかたちがあることがわかります。

しかし、最近は健康食への関心が高まり、酒にくわしいお客さまも増えるなど、店主はつねに新しい情報収集が欠かせません。

居酒屋を開こうとするなら、まず自分の好みに合うお店を、いつも知っておく必要があります。そして、そのお店が流行っている理由を研究し、短所についてもよく観察すること。いつもよく行くお店だけでなく、はじめてのお店の酒と料理の品ぞろえ、客層や接客態度、内装や雰囲気について、自分が感じたことをまとめておくとよいでしょう。

はじめての居酒屋 オープンまでのスケジュール

まずはオープン予定日を設定して、1年間のスケジュールを立ててみよう。
時間的な目標を立てることで、より具体的な手順を決めることができるはずだ。

1～3ヵ月目 人気の居酒屋を巡ってみよう

いま人気があるのはどんな居酒屋なのか、実際に自分の目で見て確かめよう。お気に入りのお店はもちろん、さまざまなスタイルのお店を回ることが大切。チェックしたことを参考に、お店づくりのヒントにしよう。

やっておきたいこと
- 料理や酒、接客、雰囲気など、人気の理由を分析。客層なども確認する。
- テレビや雑誌などで、最新トレンドを把握しておく。
- 居酒屋以外の業態のお店もチェックする。

4～5ヵ月目 自分らしい居酒屋を描いてみよう

集めた情報をヒントに、自分らしい居酒屋を思い描いてみよう。自分のできること、やりたいことは何かを考え、基本となるコンセプトを明確にして、そこから理想的なお店とは何かを考えていこう。

やっておきたいこと
- やりたいことだけでなく、資金や希望エリアの相場、客層なども考慮する。
- 単なるマネやいわれたことをそのまま表現するのではなく、自分が納得したものだけを貫くことが大切。

6～8ヵ月目 オープンに向けて準備開始！

エリアの選定と物件探しをはじめよう。希望のエリアは自分の足で歩いて確認すること。物件は立地や広さ、状態などを細かくチェック。妥協できるところと、できないところを明確にしておくことも大切。

やっておきたいこと
- 物件相場、状態、競合店の有無、通行量などを調査。
- お店のスタイルやメニューを具体化して、必要な設備や条件を割り出す。
- 設計、施工会社の選定をし、必要な予算を計上する。

9ヵ月目 いろいろなモノをそろえよう

気になる食材や酒があれば、現地へ足を運んで直接確認することも大切。卸業者から仕入れる場合は、必ずサンプルを取り寄せよう。食器やその他の備品も直接自分で見て、使いやすさなどをチェック。

やっておきたいこと
- 食材は必ず自分で確かめる。直接現地に行くことも大事。
- 食器や備品は、使いやすさやデザインはもちろん、予算も考慮して選ぶ。
- 近所の酒屋やスーパーなどもチェックしておく。

10ヵ月目 お金の準備をしっかりと！

できる限り自己資金だけでまかないたいが、融資を受ける場合はしっかりとした開業計画書を用意すること。初期投資はできるだけ低く抑え、運転資金を多めに残すなど、余裕をもった資金計画を立てよう。

やっておきたいこと
- 開業資金、開業後に必要な資金を計算し、具体的な売り上げ目標を立てる。
- 家族、知人、金融機関など、借入先を確認しておく。
- お金の借り方、開業計画書の書き方を調べておく。

11～12ヵ月目 さあ、オープン直前

店名の決定、ロゴや看板の制作、調理手順・接客サービスの具体的なルールづくりをしていこう。オープン前には本番同様のリハーサルを行い、問題がないかをチェック。もしあれば事前に解決しておこう。

やっておきたいこと
- 仕入れや在庫の状況、調理手順、接客ルールの確認。設備などの動作確認。
- 本番同様のリハーサルを行い、問題点をチェック。
- 保健所や税務署への届け出、近隣へのあいさつ。

c o n t e n t s

■「また来たい!」は最高の誉め言葉 01
「居酒屋」は酒と肴、人との出会いの場　002
■「また来たい!」は最高の誉め言葉 02
選ばれるお店になるには、「個性」という味つけが必要　004
■「また来たい!」は最高の誉め言葉 03
はじめての居酒屋　オープンまでのスケジュール　006

第1章
うまい酒と料理で今夜は極楽気分!
つくってみたい! やってみよう! 居心地のいい居酒屋

■手間ひまかける、こだわり居酒屋
日本酒をこよなく愛す店主が磨きをかける酒と肴
善知鳥　012
築地市場のお膝元で繁盛する、活気あるオープンキッチンのお店
やまだや　018
北陸の海と大地の恵みを、都心の囲炉裏端で味わう快感
囲炉裏料理と日本酒スローフード 方舟　024

■ひと味違う雰囲気のお店
着物姿の女将が艶やかにおもてなし
大正ロマンカフェ居酒屋 うたかた　030
「昭和」への郷愁をそそる、古くて新しいシモキタの顔
ウサヤ デ タパス　036
キャンドルの灯がゆれる、隠れ家風ダイニング
VANILLA BEANS　042
■新鮮な素材を生かした料理が豊富
強い個性をもつ京野菜を、気取りのないお酒の供に!
やさい酒場　048
１人でも、仲間同士でもよし。気軽に炭火で炙って食する「贅沢」
炙り処 ほしかわ家　054
■女性に人気のインテリア&創作料理
おしゃれなお店のメインは、宮崎焼酎と温かいもてなし
宮崎焼酎カフェ 弦月　060
終日連夜、女性客でにぎわう! 陽気なイタリアンバール
ラ・フォルナーチェ　066
カジュアル&アートな空間で本格テイストの創作料理を!
酔壱や　072
■お客さまはココに注目!
思わず入って&座ってみたい!／自然の恵みと向き合って……　078

第2章
個性的な居酒屋をつくるために

人気の居酒屋には、その理由がある!

独立前に考えよう 01
人気の居酒屋にはお客さまを惹きつける「何か」がある　**080**
独立前に考えよう 02
居酒屋は開業しやすいが生き残るための工夫が必要　**082**
人気の居酒屋スタイル
個性が光る、さまざまな居酒屋スタイルを再確認しよう　**084**
お店づくりのコツ
「自分らしい居酒屋」には何が必要か考えよう　**088**
コンセプトづくりのヒント
リピーター客を得るには「ビジョン」と「コンセプト」が必要　**092**
お店の目標づくり
目標を明確に設定し、理解者の人脈を広げよう　**096**

第3章
オープンをめざして準備をはじめよう

最新事情に見る、仕入れ方・物件探し etc.

居酒屋最新事情 01
ビール・日本酒は「個性」と「大人の飲み方」がキーワード　**100**
居酒屋最新事情 02
食のキーワードは「健康」と「環境への配慮」　**102**
酒類の仕入れ方
酒の仕入れと売れ筋商品の見つけ方　**104**
食材の仕入れ方
上質な食材を仕入れるにはどんな方法があるの？　**106**
メニューを考える前に
どんなメニューで利益が出せて、お客さまに求められるかを確認　**108**
料理には付加価値を
鮮度、ネーミング、限定感でお客さまの感性に訴えよう　**110**
女性客を獲得しよう
繁盛店の必須条件は「女性に愛されるお店」であること　**114**
物件探し 01
多角的&総合的な目でお店の立地条件を考えよう　**120**
物件探し 02
立地の特性をつかんで理想的な開業の舞台を決めよう　**122**
業者への依頼方法
設計・施工会社にお店の工事を依頼しよう　**124**

第4章
開業にかかるお金と、お店運営の方法
気になる資金計画と経営ノウハウ

開業資金
開業にかかるお金はどれくらい？ 必要な資金を計算してみよう 128

資金調達
開業資金を補うために融資や助成制度を利用しよう 130

運転資金
長く続けるにはスタートが大事! 運転資金について考えてみよう 132

売り上げ分析 01
より多くの利益を上げるには何が必要か考えよう 134

売り上げ分析 02
毎月必要なお金は「固定費十変動費」が基本 136

開業手続き
開業に必要な手続き＆税金と保険制度を確認しよう 140

第5章
オープン直前! これだけはやっておこう
お客さまに「もう一度来たい！」といわせるために

居心地のよさについて
何度も訪れたくなる居心地のいい居酒屋とは 144

営業時間の決め方
営業時間と定休日はどうやって決めればいいの？ 148

ネーミング&ロゴデザイン
お客さまを惹きつける店名＆看板を考えよう 150

開店直前の準備
営業の段取りをふまえ、お客さまを迎えよう 154

開店直後の注意点
つい忘れがちなポイントをいまのうちに把握しておこう 156

お店を成功させるには
長く愛されるような人気の居酒屋になるために 158

人気居酒屋・蔵出しケーススタディ
part 1 居酒屋店主にはこんな人が向いている 090
part 2 ワザが冴える、個性が光る！ おいしい魅力的なメニュー 112
part 3 居酒屋を経営するなら知っておきたい常識集 138

居酒屋流・実践的アドバイス
part 1 お客さまを増やす魅力的なお店づくり 094
part 2 絶対にそろえたい備品と手に入れる際のポイント 116
part 3 お客さまを満足させる接客術をマスターしよう 146
part 4 効果的な告知方法でお店をアピールするには 152

COLUMN
お店は「お客さまがつくる」という一面もある 098
食事メニュー＆ランチタイムを設けるのはお得か？ 126
防火管理、臭いへの配慮など、居酒屋は地域社会に果たす責任も重い 142

おいしい酒と料理が味わえるだけでなく、
そこにいるだけで楽しめる「何か」を求めて、
居酒屋を利用する人が増えています。
田舎家で飲むような気安い雰囲気。
お任せにできる店主の目利き。
個性的なデザインのワクワク感……。
そんなさり気ないサービスが、
酒と肴の味をさらに引き立てます。
誰かに教えたくなる居酒屋、
自分だけの隠れ家にしたくなる居酒屋。
あなたは、どんな居酒屋をめざしますか？

新鮮な素材を生かした料理が豊富

強い個性をもつ
京野菜を、
気取りのない
お酒の供に！
やさい酒場
（048p）

１人でも、
仲間同士でもよし。
気軽に炭火で
炙って食する「贅沢」
炙り処
ほしかわ家
（054p）

女性に人気のインテリア＆創作料理

おしゃれな
お店のメインは、
宮崎焼酎と
温かいもてなし
宮崎焼酎カフェ
弦月
（060p）

終日連夜、女性客で
にぎわう！
陽気な
イタリアンバール
ラ・フォルナーチェ
（066p）

カジュアル＆
アートな空間で
本格テイストの
創作料理を！
酔壱や
（072p）

オーナーのこだわり　＝立地　＝お店づくり　＝接客　＝メニュー　!!!＝テーマ性

第1章

つくってみたい！ やってみよう！ 居心地のいい居酒屋

うまい酒と料理で今夜は極楽気分！

手間ひまかける、こだわり居酒屋

日本酒をこよなく愛す店主が磨きをかける酒と肴
善知鳥
（012p）

築地市場のお膝元で繁盛する、活気あるオープンキッチンのお店
やまだや
（018p）

北陸の海と大地の恵みを、都心の囲炉裏端で味わう快感
方舟
（024p）

ひと味違う雰囲気のお店

着物姿の女将が艶やかにおもてなし
大正ロマンカフェ居酒屋うたかた
（030p）

「昭和」への郷愁をそそる、古くて新しいシモキタの顔
ウサヤデ タパス
（036p）

キャンドルの灯がゆれる、隠れ家風ダイニング
VANILLA BEANS
（042p）

日本酒をこよなく愛す店主が磨きをかける酒と肴

うまい日本酒を飲んでもらうため、
ごくシンプルな店内で、
店主が酒と料理に全精力を注ぐ。
研ぎ澄まされた感性で選んだ銘酒、
どこか懐かしい料理を口にしようと、
夜ごと全国からファンが足を運ぶ。

オーナーのこだわり

- …過剰なインテリアを廃し、落ち着いて酒を飲める空間に。
- …知識をひけらかすなど、他人が嫌がる行為をしたお客さまには、注意を促すことも。
- …自分の舌で確かめた日本酒と、青森の郷土料理や珍味が人気。

老舗居酒屋が多い中央線沿線にあって、同業者らも通う根っからの日本酒好きによる日本酒好きのためのお店。落ち着いた構えに、通をうなずかせる品ぞろえ。酔いがじんわりとからだを包んでくれる。

善知鳥《うとう》

東京都杉並区

(右）掘りごたつ式の小上がりもあるが、カウンターで店主の今さんと話しながら飲むほうが楽しい。席数はカウンター7席、小上がり8席。できれば予約をしたほうがいい。
(左上）静かにジャズが流れるなか、酒をめぐってさまざまな会話が交わされる。グループで訪れる人も多いが、自然と声高に騒ぐのは慎みたい気分にさせられる。
(左下）居酒屋ならではの縄のれんがゆれる入り口。店内から漏れる灯りが温かい。

酒の味をつねに確かめ、最高の状態でお客さまに

　駅前の飲食店街を抜け、路地を1つ曲がる。白熱灯に浮かび上がる縄のれんをかき分け店内へ。落ち着いた雰囲気のなか、静かに迎えてくれるのは、店主の今悟さんだ。

「何より日本酒を気軽に飲めるようなお店にしたかった」というように、酒はビールのほかは日本酒だけ。扱う銘柄は店主の出身地・青森を中心に、日本各地の地元でしか手に入らないものや季節限定品など、今さんがおいしいと感じたものを集めている。

　インテリアデザイナーから転進した今さんは、居酒屋経営はもちろん、日本酒に関してもほとんど「素人だった」という。そのため、お店をオープンする前に連日酒販店を巡り、店主の話を聞いたり実際に飲んでみたりと、地道に勉強を続けてきた。いまでも「毎日5～6本はかついで帰ります」というほど精力的である。

　その熱意は、やがて酒販店や蔵元へと伝わる。たとえば「豊盃」のファンクラブ用に仕込んだ青森の純米吟醸酒「豊盃倶楽部」や、十和田の日本酒愛好会がプロデュースした純米吟醸酒「十」など、「今さんのお店なら出してもいい」というところがどんどん増えていった。

　こうして集められた日本酒は、常時20種ほどがメニューに並ぶ。ほかの日本酒専門のお店とくらべるとやや少ないようにも思えるが、「これでも多いくらい」と今さん。

　というのも「1日のうちに味が変わる」というほどデリケートなだけに、毎日何度も1瓶1瓶の味を確認しているからだ。お客さま1人ひとりの注文を聞くたびに燗をする時間や器の形・大きさなど、そのときもっともおいしく飲める状態を把握し、提供する。だからこそ「1人ではこれくらいの数が限度」という。

　料理は酒のふくよかな味わいに負けないものをと、淡白なものは避け、

(右) 手前から、旬の魚介と野菜を自家製味噌の香ばしさが引き立てる「貝焼き味噌」(1,000円)。「生カラスミ」(1,300円)。青森のおふくろの味「身欠き鰊と山菜の煮しめ」(500円)。丹精した突き出しも味わい深い。

(中央上) お勧めの酒は、右から「豊盃倶楽部」(純米吟醸900円)は青森の酒蔵「豊盃」のファンクラブ・豊盃倶楽部のために仕込んだお酒。「川中島」の女性杜氏がつくる「幻舞無濾過生原酒斗壜囲い」(吟醸900円)。十和田の日本酒愛好会「十酔会」がプロデュースした「十」(純米吟醸900円)。津軽杜氏・宇野勇三が仕上げた「初駒」の「宇野勇三」(純米大吟醸1,100円)。いわゆる「端麗辛口」を打破した、濃厚で甘味と酸味が絶妙な「鶴齢純米無濾過生熟成原酒(特別純米900円)。

(中央下) はじめてのお客さまには、器による味の違いを感じてもらうために、底が浅いものと深いもの2つの猪口で飲みくらべてもらう。

(左上) 酒が進む珍味が多いが、「にんにくカレー」など予約が必要なものも。

(左下) お客さまに最高の状態で提供するため、毎日すべての酒を味見する。

「いい酒!」に負けない、青森のおふくろの味と上質の珍味

味が強めのものを中心に、酒と相性のいいものを提供している。

たとえばお品書きには、鶏やキノコ、野菜を醤油か味噌で仕立てた椀に南部せんべいを割り入れる「せんべい汁」(800円)や、ウニとアワビの「いちご煮」(1200円)といった青森の郷土料理や、アワビやカキの塩辛、生カラスミなどの珍味が並ぶ。何とも飲兵衛の心をくすぐるラインナップがうれしい。

知識を増やすよりも、実際に確かめたものを信じる

こうした丁寧な仕事ぶりは、数多くのファンから支持されている。それは毎夜、北海道や沖縄からこのお店で飲むためだけにやってくるお客さまがいることからもうかがえる。

だが、好意的なお客さまばかりだったわけではない。安い大皿料理を出していたという開店当初は、若者が大勢でお店を長時間占拠してしまったり、「居酒屋らしく、刺身やチ

お店づくりのワザを学べ！

日本酒の味わいを知ってもらうには？

「同じ瓶から注いだ酒でも、飲み方によっていろんな味わいがあります」という今さん。はじめてのお客さまには、次のような飲み方を提案している。

まず形の違う2つの器を用意、それぞれに燗酒を注いで味を確認してもらう。口が広い猪口では香りがパッと咲いたような華やかな味わい。口が狭く底が深い猪口では香りも旨味もギュッと凝縮したような味わいになる。

「まずみなさん驚かれます」という。もちろん感じ方や好みに個人差はあるが、燗をした日本酒のおいしい飲み方や、酒の冷める速度によって変化する味わいの差といった、日本酒の奥深さを知ってもらうためにはもってこいの方法になっている。

酒を燗する際のポイントは？

純米酒でも温めたものがいい酒はもちろん、すべての酒で燗の注文に応えている。

本文でも述べたように、すべての酒の状態を知るために、1瓶ずつ味見。その日、その時間によって変わってくる酒の状態を確かめ、燗する時間と温度を判断する。

燗の仕方は、まずお湯を張った土鍋に徳利を浸し、時計や温度計は使わず、ころ合いを見計らって取り出す。そして少し常温で馴染ませてから、両手で徳利を包むようにして温度を確認。これを納得いくまでくり返す。

「冷やして飲むとか、ぬる燗がいいというのは、単なる俗説。お酒は人間と同じで、個性もあれば毎日違う顔を見せます。いいお酒はお燗してもおいしいですよ」と今さん。

さらに「『お燗で』と頼まれると、うれしくなっちゃうんです。『おいしい』といわれるために、1回1回、お酒の状態を確認しながら最高の状態に仕上げています」。

【開業資金の内訳】

店舗取得費	4,000,000円
内装工事費	200,000円
備品、什器費	300,000円
合計	4,500,000円

酒選びはもちろん、それをいかにおいしく飲んでもらうかをつねに考えている。ほとんどの器は素朴でシンプルな益子焼き。高くはないが安っぽく見えないものをそろえた。

HISTORY

オープンまでの歩み

1998年
現店舗の前のお店に客として通ううちに、店主からお店を引き継がないかと誘われる。

1999年6月
勤めていた会社を辞め、お店の開店を決意する。器集め、内装工事をはじめる。工事は最小限にとどめ、資金と時間を削減。

1999年7月
オープン。

illustrated

【図解でわかる人気のヒミツ】

厨房
トイレ
店主との会話❸
お品書き
最下段は日替わり、週替わりのメニュー。評判がいいものは上段へ「昇格」。
縄のれん
居酒屋ならではの風情を感じさせる小道具の1つ。
カウンター席❶
内装
あくまでもシンプルに、落ち着いてくつろげる空間に仕上げた。
日本酒❷
料理
青森のおふくろ料理には、誰しも懐かしい温もりを感じる滋味があふれる。
器
ほとんどが益子焼き。素朴で温もりある姿が好きで、店主が自ら買いつける。
メニューボード
入り口
引き戸から漏れる温かな灯りが、数多くの飲兵衛を惹きつける。
小上がり席
掘りごたつ式のテーブルが2卓。天井には和傘が吊られる。

POINT
余計な装飾はせず、シンプルで落ち着いたトーンに統一。照明を暗めに、ゆったりとくつろげる雰囲気を演出する。

郷土色は控え、居心地のよさを重視した「酒飲み」のための空間

ューハイを出せ」という中年客も。

お客さまが望むならと、そうしたりもしたが、やはり扱っている日本酒との相性はよくなく、お店の雰囲気も騒がしくなってしまった。

「いくらお客さまの要望でも、自分が納得できないものは出せない」と、それ以後は自分の感性を信じ、現在のスタイルに至っている。

今さんを慕ってやってくるお客さまが多いのは、数多くの経験を積んだ確かな味覚と、その時々にお勧めできるものを選び取るだけの商品知識、なかでも日本酒に対する愛情に心動かされるからだろう。

「お酒は頭ではなく、からだで味わうもの」という考えのもと、知識やうんちくをひけらかしたりするお客さまには退店を願うことも。

だが決して口うるさくはない。信頼できるお店で純粋に酒を楽しみたいという人には敷居は低い。今夜は何を飲むか、肴は何が合うか、お任せする価値のあるお店である。

owner's choice

「安酒」だから温めるのではなく、より旨くなるから温める！

近年は酒と燗に対する誤解も少しは解けてきているが、日本酒を飲み慣れていない人の中には、燗酒と聞くと「匂いがきつい」とか「安酒」といったイメージをもつ人も少なくない。しかし「野菜でも肉でも、いいものは甘い」と今さんがいうように、いい日本酒には米本来の甘味があり、その華やかさが燗をすることでより心地よさを感じさせるもの。

燗には「日なた燗（30～35度）」「人肌燗（～40度）」「ぬる燗（～45度）」「上燗（～50度）」「熱燗（～55度）」「とびきり燗（55度～）」と、温度によって呼び名がある。どれをうまいと感じるかは好みの問題だが、日本酒に対して真摯に取り組んでいるお店であれば、その酒にもっとも適した温度で出してくれるはず。今さんが、両手で包むように燗の温度を確かめる様子は、丁寧で、愛しいわが子を抱いているよう。

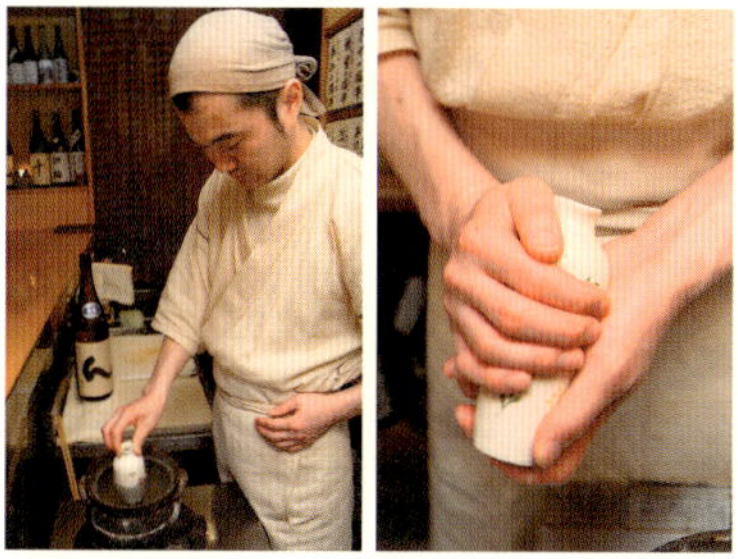

燗をする間、ジッと睨むように集中している今さんの姿から酒への期待も高まる。

the shop

❶カウンターの内部は一段低くし、お客さまが店主を見上げることなく会話できるよう工夫。最大9人まで座ることができるが、普段は7席でゆったりとくつろげる。

❷厳選された日本酒が約20種そろう。どれもここでしか飲めないような貴重なものばかり。酒器や温度により、味が全然違うことから、「20種でも、いろんな味が楽しめます」と今さん。

❸常連客のほとんどに勧められ、毎晩1升以上は飲むという今さん。居酒屋店主のお客さまも多く、情報交換も積極的に行っている。

shop data

善知鳥
住所／東京都杉並区阿佐ヶ谷北2-4-7
TEL／03-3337-8734
営業時間／19:00～翌1:00
定休日／日曜・連休末日（連休がない月は月1度不定休）席数／カウンター7～9席、小上がり8席
URL／なし

善知鳥オーナーからのメッセージ

お客さまから文句をいわれたり、売り上げが伸びないなど、苦しいことはたくさんあります。でも「おいしい」といわれる喜びがあるから続けられるんです。

「ここは、うんちくが飛び交うお店ではありません。お酒は気楽に飲むもの。お客さまにもご理解いただいています」

築地市場のお膝元で繁盛する、活気あるオープンキッチンのお店

全国一の市場があることで有名な
築地にあり、技とおもてなしの心を込めた
幅広い料理と酒が評判のお店。
客足が絶えることのないその人気を支えるのは、
味はもちろんのこと、小気味のよい活気と
店主とスタッフが共有する、
お客さまに喜んでほしいという強い思い。

やまだや

東京都中央区

オーナーのこだわり

- …店内は素材感とゆったり感を大事に、癒しの空間としてデザイン。
- …温度計つきお燗セットや少量ずつの利き酒など、お客さまを喜ばせるアイデアに力を入れる。
- …新鮮さはもちろん、農家や酒造家といったつくり手の思いがこもる「本物の素材」を選ぶ。

築地市場の周辺には古くから居酒屋が多く、舌の肥えたお客さまは手ごわい存在。つねに新しく飽きさせないものを提供しようと、店主が毎日仕入れてくる新鮮な魚介や、丹精した珍味、そして全国から届く新鮮食材が、決して期待を裏切らない持ち味になっている。

（右）ダークブラウンのインテリアを基本に、落ち着いた大人の雰囲気を醸し出す。天井は配管類をむき出しにすることで、開放感を演出している。
（左上）オープンキッチンに面したカウンター。窮屈さはまったく感じられない居心地のよさ。
（左下）入り口を入ってすぐ目に飛び込んでくる一升瓶のディスプレイ。こだわりのチョイスが光る。

店主をはじめスタッフらがそれぞれの得意ワザを発揮

日本最大の鮮魚市場・築地の居酒屋と聞けば、どんな肴で飲めるのかと誰もが身を乗り出すだろう。「やまだや」で人気を集めるのは、店主の山田佳延さんが毎日仕入れる新鮮な魚介類はもちろん、クリームコロッケ、ピザ、カルパッチョなど、食いしん坊にもウレシイ肴がそろう。さらに毎晩9時には釜炊きのご飯の香りが漂い、いやがうえにもお客さまの食欲をそそる。

カウンター、小上がり、テーブル席のそれぞれに陣取り、各々の皿をつつきあう女性同士や、仕事の疲れを癒すサラリーマンなど、幅広い客層に愛されているお店である。

山田さんの実家は築地の仲卸業。幼いころから料理が好きで、いつか自分のお店をもとうと、大阪の調理師学校を卒業後、数々の料理店で修業。接客サービスのプロとしての力を身につけ、28歳で独立を果たした。

山田さんは仲買人の血を引くだけに、その確かな目利きで肉や野菜の食材もすべて自ら仕入れている。お店では接客を担当するが、料理人としての経験をきっちり積んでいることもあり、味に対する妥協はない。

たとえば、厨房スタッフと新メニューのアイデアを出し合ったり、社員旅行で食べ歩いては味覚経験を重ねたり、試食会は必ず月1回開くなど、料理に関する情報をつねに共有している。

和食やイタリアンなど、もともとスタッフの専門分野は異なっているが、それぞれの感覚を融合させることで、他店とはひと味違った料理を生み出す秘訣にもなっている。

新鮮素材を使い尽くしてお客さま本意のメニューを

よりよいものをリーズナブルに提供しようと努力することは、居酒屋であるからには欠かせない点だ。

山田さんは「メニューづくりには

（右上）取材当日の「刺身盛込」（1,890円）。青森の天然ソイ、銚子の地金目、勝浦のカツオ、新島の赤イカが並ぶ。
（右下2点）貝ヒモでコクを出し、大きな貝柱がゴロンと入った「手作り帆立貝クリームコロッケ」（840円）。築地以外ではなかなか手に入らないというフレッシュなザーサイでアクセントをつけた「自家製のカマススモークとザーサイと三つ葉の炒めごはん」（787円）。
（左上）「4種のつまみ盛り」（840円）。右から、自家製豆腐のみそ漬け。桜のチップの香りがすばらしい自家製カマスのスモーク。エビの身と揚げた頭をたたいてショウガ、ネギ、ゴマ、わさびの味噌ダレで合わせた甘エビのタルタル。富山の湯引きホタルイカ。
（左下）日本酒のお燗には七輪、焼酎には黒ぢょかが用意され、お客さま好みに温めて飲んでもらうこともできる。

素材選びの目、調理の腕とアイデアが、つねに新しい数々の美味を生む

価格も含めてバランス感覚が大事。仕入れた素材はムダなく生かしています」という。たとえばエビなら身をタルタルに、頭は揚げて出汁を取り、うまみが凝縮した脂はサラダのドレッシングやピザ生地に練り込むといった調子だ。こんな工夫が、一級の味を保ちつつも居酒屋としての価格設定を可能にしているのだ。

日本酒や焼酎、ワインなどの酒類は、味だけでなくつくる側の思いがどれだけ詰まっているかも念頭に、直接酒蔵やワイナリーを訪ねて生産者と会い、納得したうえではじめてお店のメニューに載せるという。少量生産の銘柄も多いため、ラインナップを季節ごとに入れ替え、つねに旬の酒だけをおいている。

こうして選び抜いた酒には、お客さまが自分好みの温度でお燗がつけられるよう、燗酒器を用意している。また、あまり酒が強くないお客さまには、酒を通常の3分の1ずつ楽しめる利き酒セットも好評。肴選びの

お店づくりのワザを学べ！

スタッフ間の協力体制は？

山田さんは仕入れと接客に徹し、厨房は3人の調理スタッフに任せている。出身は和食、イタリアン、バーテンダーとバラバラだが、それがお店づくりに大きな効果を上げているという。

スタッフ全員でそろって市場に出かけたり、食事に行くこともしばしば。こうした場で情報を共有しつつ、さらに違った個性と意見がぶつかり融合することで、新たなお店の魅力を生み出し続けている。「それぞれが自分のいいところを出し合ったときに大きな力が生まれ、それがお客さまの喜びへとつながっていくと思います」（山田さん）。

オープン時のPR方法は？

オープン1週間前に、親戚や修業時代にお世話になったお客さま、そしてお店がテナントとして入るマンションの居住者を招いてレセプションを行った。酒や料理の仕込みの総額として、20万円ほどの経費がかかったものの、スタッフにとっては貴重な練習の機会になり、何よりも最初からPRは口コミ狙いだったから宣伝になった。

はじめてのお店を開く場合、オープンは日程ギリギリになることも。しかし「レセプションはやれば効果はあるし、いただいたお祝いが軍資金にもなりますよ」（山田さん）。

住宅地での開業で注意するポイントは？

マンション1階に店舗を構える際には、上階の住人への気遣いは必須事項。料理の匂いや騒音はもちろん、酔ったお客さまが騒いだり歩道にたむろするといった、居酒屋にありがちな問題にもしっかり対処しなければならない。

「やまだや」では最終的にはお客さまにお願いして理解してもらっているが、何より日ごろから近隣とのつき合いを大切にしているかどうかが、何かあったときにもっとも重要になるそうだ。

【開業資金の内訳】

店舗取得費	0円 （実家の所有する土地建物のため）
設計、設備施工、什器費	20,000,000円
運転資金	5,000,000円
食器類	150,000円
宣材費（名刺、ショップカード類）	100,000円
合計	25,250,000円

（銀行融資15,000,000円＋公庫融資10,000,000円＋自己資金250,000円）

厨房スタッフはそれぞれ和食、イタリアン、バーテンダーと、全員が酒と料理のプロフェッショナル。カウンター越しに活気があふれる。

HISTORY オープンまでの歩み

1991年〜1992年
調理師専門学校を卒業後、銀座のフランス料理店「ルコント」にて厨房勤務。

1993年〜1995年
青山「キハチ」入店。ウェイター助手からはじめ、ホールでの接客サービスの極意を身につける。

1996年〜1997年
西麻布「長江」立ち上げにオープニングスタッフとして尽力。このころより開業準備をはじめる。

1998年
開業準備を進めつつ、アメリカンキュイジーヌ、和食などのさまざまな料理店を巡って修業。

1999年11月
オープン。

illustrated

【図解でわかる人気のヒミツ】

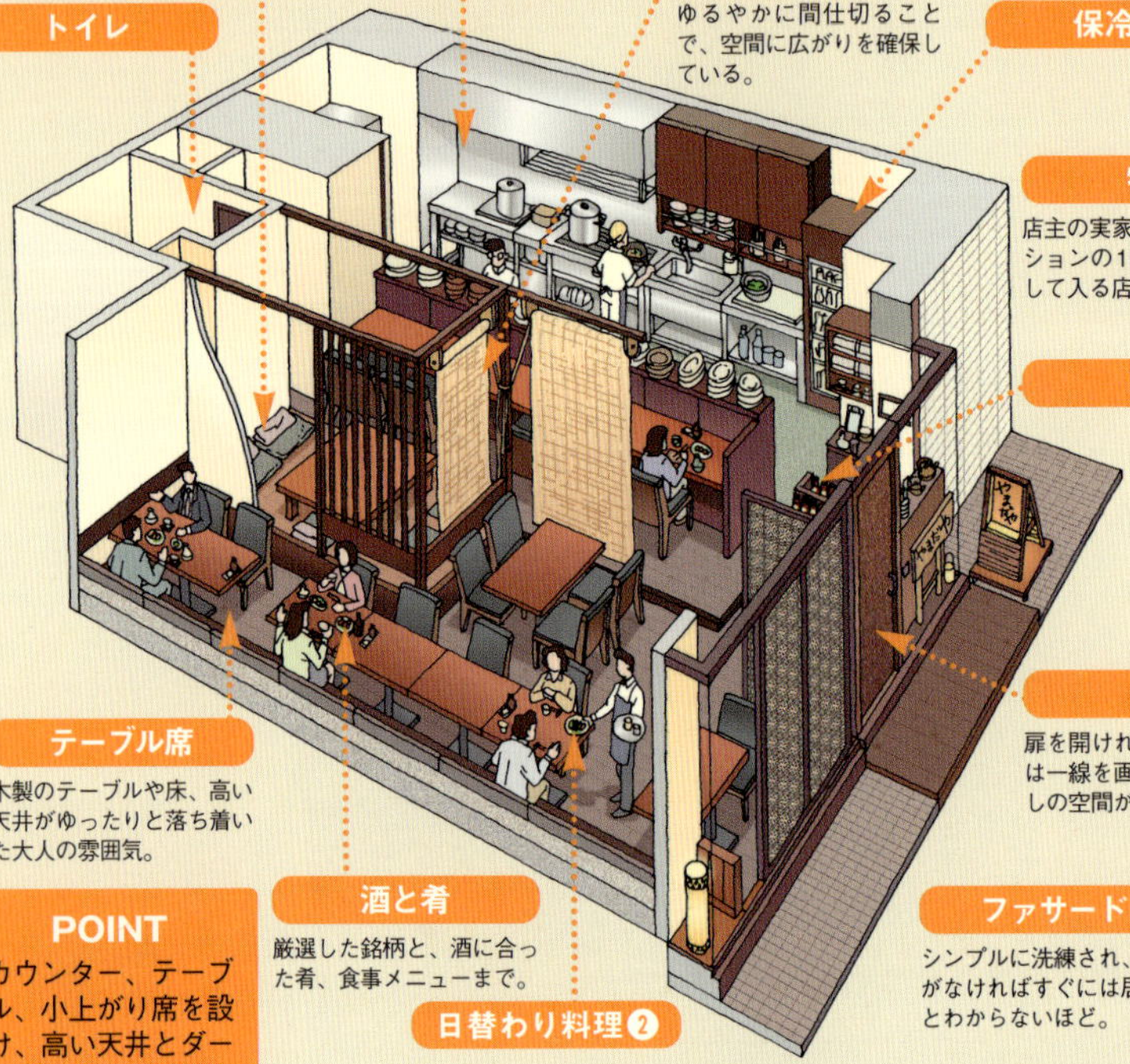
小上がり席①
オープンキッチン③
すだれ
ゆるやかに間仕切ることで、空間に広がりを確保している。
トイレ
保冷庫
物件
店主の実家が所有するマンションの1階にテナントとして入る店舗。
レジ
扉
扉を開ければ、表の喧噪とは一線を画すくつろぎと癒しの空間が広がる。
テーブル席
木製のテーブルや床、高い天井がゆったりと落ち着いた大人の雰囲気。
酒と肴
厳選した銘柄と、酒に合った肴、食事メニューまで。
日替わり料理②
ファサード
シンプルに洗練され、看板がなければすぐには居酒屋とわからないほど。

POINT
カウンター、テーブル、小上がり席を設け、高い天井とダークブラウンの色調、自然素材で大人のくつろぎ空間を演出。

活気あるオープンキッチンと、広めのフロアには３つの客席を配置

相談にも気軽に応じ、喜ばれている。

一見して居酒屋とはわからないほどに洗練された外観のお店は、夕暮れとともに粋な大人の空間となる。高い天井、ゆったりと配置された座席、ナチュラルな素材感を感じさせる木製テーブルやフローリングの店内で、お客さまはこだわりの酒と手間ひまかけた料理の数々、そしてくつろぎのひと時を堪能する。

「まるでお酒のテーマパークみたい！」というお客さまの声に応えようと、今後は全国の酒や食材の生産者とさらに深いつながりを結ぶことが夢という山田さん。

「誰かに喜んでもらえる職業であるのが居酒屋というお店のいいところ。そして大きなやりがい」と、にこやかに話す。お客さまの期待に応えるだけでなく、見えないところで感動を創出することも、居酒屋づくりの醍醐味の1つであるに違いない。

owner's choice

志を同じくするスタッフとともに働く

「やまだや」では、お店が混んでくると、厨房スタッフが料理を運ぶことも珍しくない。お客さまにメニューの説明をしたり、酒選びの相談に乗ったりと、ホール業務も兼ねている。忙しいときほど料理に集中したいのでは、と思いたくなるが、必要なことならばスタッフは料理以外の仕事も普通にこなすという。

じつは「やまだや」のスタッフは全員が独立志向をもっている。これも「日々の仕事を前向きに考えられる人といっしょに仕事をしたい」という思いから、求人募集時に山田さんが提示した条件の1つ。スタッフ側も直接お客さまと接することで、いつか自分のお店をもつときの勉強になるはず。

経営者をめざす意思があれば、厨房に閉じこもることなど許されない。全員が店主の気持ちで働くくらいの積極性がほしい。

「濃いキャラがそろっています」（山田さん）というスタッフの皆さんは、全員がやる気120％の独立志向。

the shop

❶小上がり席は、セミオープンの個室感覚が味わえるつくり。酒と料理の数々をゆっくりと味わえる、シンプルな大人の癒し空間になっている。

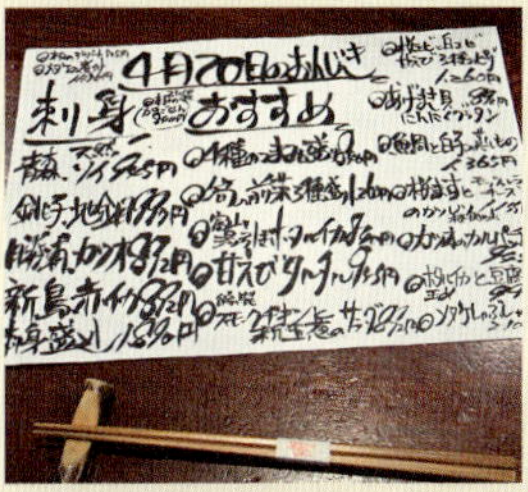

❷毎日変わる「おんじき」（お品書き）。旬の食材に心と技を込めた料理の数々が、いきおいのある筆文字でずらりと紹介される。

❸厨房スタッフのきびきびとした動きが、お店に心地よい活気をもたらす。器は山田さんが手づくり感に惚れ込んだ益子焼がほとんど。

shop data

やまだや

住所／東京都中央区築地7-16-3 クラウン築地1F
TEL／03-3544-4789
営業時間／18:00～23:00　定休日／日曜、祝日
席数／カウンター6席、テーブル18席、小上がり席5席
URL／なし

やまだやオーナーからのメッセージ

自分がどこで勝負できるのかをよく考えること。また、家族やカップル、接待客など、いろいろな方々に喜んでもらえる方法をたくさん考えてください。

「食材についてもっと掘り下げたい。食に気持ちを込めて仕事をする農家や酒造家とネットワークをつくっていきたいです」

田舎の味と温もりを求めて
毎日、大勢の人が訪れる居酒屋。
古民家のような店内に入ると、
囲炉裏端で笑う人の楽しそうな表情。
都会の喧噪をよそに、
くつろぎと落ち着きの空間がそこにはある。

囲炉裏料理と日本酒スローフード
方舟《はこぶね》
東京都港区

北陸の海と大地の恵みを、都心の囲炉裏端で味わう快感

オーナーのこだわり

- …同じ失敗をくり返さないよう、毎日のミーティングで対処法を話し合う。
- …魚介、野菜、酒など、すべて北陸地方の厳選された産直素材。
- !!!…都会にいながら囲炉裏で味わえる、北陸産のスローフードをそろえる。

靴を脱いでくつろげる掘りごたつ式の小上がり席は、すだれを下げれば個室感覚も味わえる。テーブルには渡し板がはめられるようになっており、大人数にも対応。

（右）大谷石を使ったカウンター、肘掛つきのゆとりあるイスは女性にも好評。イスの下には物入れを備えている。
（左上）お店のメインとなる大・中テーブル席。写真奥の大が16名、中が12名まで座ることができる。すべての囲炉裏に排気ダクトを設置し、お客さまの衣服に臭いがつかないよう配慮している。
（中央）土壁、畳地のイス、掘りごたつ式の小上がり席に加え、農具、民具などを飾り、田舎の民家の風情を演出。
（左下）換気装置や空調の状態を常時点検・チェックしているため、店内に煙が充満することはない。子どもにも囲炉裏体験をしてもらいたいと、子連れ客の来店も歓迎している。

生産者の顔が見え自信をもって出せるものを！

東京・新橋といえば会社帰りのサラリーマンが立ち寄る昔ながらの居酒屋の多い街だが、目と鼻の先の汐留周辺は高層ビルがそびえ、目覚しく発展する新開発エリア。ここに、すべてのテーブルに設置した囲炉裏を囲んで、日本酒と自然の幸を味わえる「方舟」がある。

素材そのものの善し悪しが重要になってくる囲炉裏料理。オーナーの原誠志さんは、親戚がいて訪れる機会の多い北陸地方に目をつけた。

北陸地方の食材は関西方面へ出荷されることが多く、東京ではあまり目にすることがない。その味の確かさは熟知している。間違いなく目玉になるはずと、オープン前に地元をたびたび訪れ、飲食店で地のものを飲み食いし、知識を増やしていった。現在お店で出しているのも、そうして話を聞き、自らの舌で確かめ産地直送しているものばかり。

前菜の「北陸の珍味盛り合わせ」（1480円）から、魚醤をベースに能登の海産物と有機野菜たっぷりの「海鮮いしる鍋」（1150円）、デザートの「黒ごま味噌プリン」（580円）まで、地元でも珍しかったり高価なものを直接生産者に会い、信頼できる場合にのみ小ロットで仕入れている。

「お店で提供する食材はきちんと生産者の顔が見え、自信をもってお出しできるものであることが条件。お客さまがほんのひとときでも自分の故郷を思い出せるような、ホッとできる空間にしたい」と原さん。

酒も料理と同じく、プレミアのつく有名銘柄から地元でしか消費されない小さな酒蔵のものまで約120種の銘酒がそろう。たとえば新潟「八海山大吟醸」（1600円〜）、石川「天狗舞石蔵仕込山廃純米吟醸生」（1000円〜）、富山「勝駒純米」（650円〜）、福井「白岳山純米大吟醸愛山」（1400円〜）な

（右上）ほとんどの日本酒が、目の前の囲炉裏で自分好みにお燗できる。料理は時計回りに「岩魚の囲炉裏焼き」（950円）。竹カゴ内は石川県七尾産「能登牡蠣」（1個590円）、同「活きさざえ」（1個650円）、「万寿貝」（1個590円）。1カ月限定300羽の白軍鶏「能登地鶏のたたき」（850円）と、糠漬けにして毒を抜いた「ふぐの卵巣の粕漬け」（850円）。
（右下）「幻の能登白しゃも囲炉裏焼き」（1,380円）、「有機野菜の盛り合わせ」（880円）と、珍味「かわはぎのへしこ」（580円）。
（左上）お勧めの酒、福井「白岳仙純米吟醸山田錦四十」（800円）と、石川「獅子の里純米大吟醸愛山」（1,000円）
（左下）酒をおいしくするという高価な錫の酒器で提供。お店では片口、チロリなども錫製を多数使っている。

新鮮・厳選・限定素材！北陸の旬を口にする喜び

ど。できるだけ多くの酒を味わってもらおうと、1銘柄100ミリリットルから提供している。

すべての酒を燗酒で飲めるが、その際、銅と錫のチロリが用いられる。お客さまの目の前の囲炉裏に湯を入れた鉄瓶をおき、そこにチロリを浸し、好みの温度で飲んでいただくというサービスが好評だという。

囲炉裏料理を中心にするにはいかに採算をとるかが課題

海の幸、山の幸を焼いたり、酒の燗をつけたりと「方舟」になくてはならない囲炉裏だが、長所ばかりではないと原さんは強調する。

「まず炭を入れ火が回るまでに時間がかかり、回転率が悪くなります。それに換気についてしっかり考えておかないと、店内が煙だらけになってしまいます。さらに囲炉裏を設置するぶん店内が狭くなり、席数が減ったりも。何よりいい素材を集めるには仕入れ原価が高くなります」

お店づくりのワザを学べ！

仕入れ先の見つけ方は？

当初、仕入れのつてが何もなかった原さん。まずはインターネットで調べ、気になるところへメールで問い合わせた。そのうち対応が悪いところは、素材選びや配達など、いろいろな面で支障が出てくるだろうと、この時点で断念することに。

対応のよかったところと再度連絡を取り、実際に現地へ赴いて自分の目で確かめ、気に入れば仕入れ契約を結んでいった。

また漁協や農協、販売店の人などに聞いて、インターネットでは調べられない農家や漁師を紹介してもらったり、現地の酒販店から旬の酒や新製品などの情報を教えてもらったりもした。

日本酒にこだわったのは？

ほかの酒よりも劣化が早い日本酒は、通常保冷庫に保存される。そのため、種類が多いほどスペースと設備が必要になり、日本酒を多く抱えることを嫌がるお店も少なくない。しかし原さんは、「人がやらないからこそチャンス」と、そこに商機を見い出し、多品種の日本酒で勝負することにした。

売り上げアップのためにやったことは？

新規店にはよくあることだが、オープン後3カ月は赤字続き。仕入れや素材のムダを省き、原価率を抑える一方、あえてチラシや広告などの宣伝費に資金を投入。また、新メニューを追加して客単価の向上を図ったりもした。このようにすぐに原因を追求するとともに、でき得る限りの手を打つことが大切だ。

接客で心がけていることは？

当初は年中無休だったが、スタッフが交替で休みをとると、曜日によって接客レベルが違うことも。そのため日曜・祝日を定休日にし、全員がいっせいに休暇を取ることで、サービスのレベルを一定に保つようにした。また、営業中のミスや失敗は翌日のミーティングで解決し、その日の営業まで持ち越さないようにしている。

【開業資金の内訳】

店舗取得費	7,000,000円
内装工事費	25,000,000円
備品、什器費	3,000,000円
仕入れ費	2,000,000円
広告宣伝費	1,000,000円
運転資金	2,000,000円
合計	40,000,000円

紡ぎ車やわらじなど、昔の田舎家をイメージしたインテリアが郷愁をそそる。

HISTORY オープンまでの歩み

2002年
鉄道会社のレジャー事業部門に存籍。サービス業の経営に興味をもち、独立を意識しはじめる。

2004年3月
レンタルオフィスを借りて、会社の設立準備をはじめる。物件探しを開始。

2004年9月
退職し、株式会社セオリーを設立。

2004年12月
物件が見つかり、契約。工事開始。

2005年2月
工事終了。開店へ向けての準備。

2005年3月
オープン。

i l l u s t r a t e d

【図解でわかる人気のヒミツ】

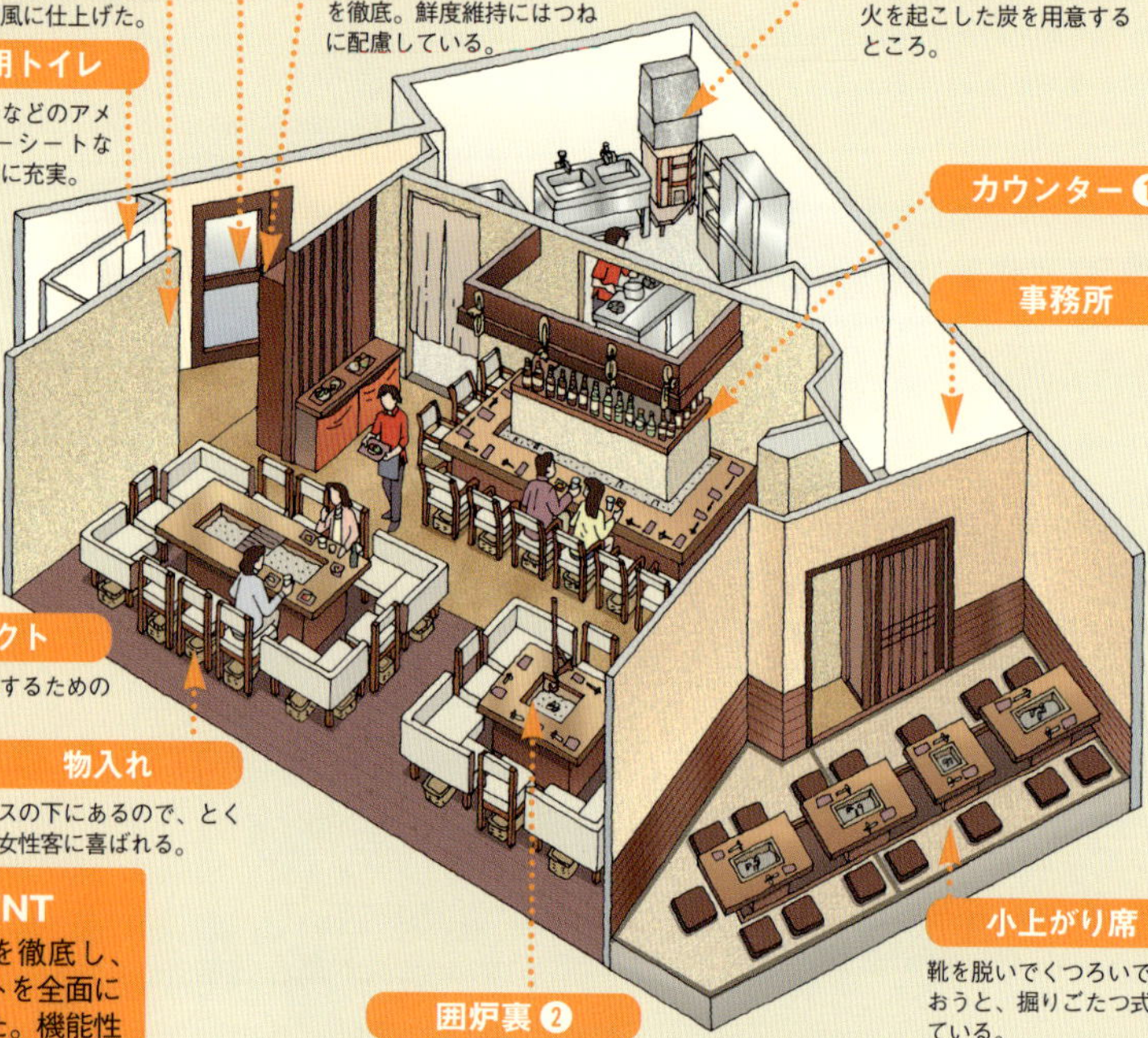
入り口
壁、床
土壁を塗り、床には砂地のタイルを敷き詰め、土間のある古民家風に仕上げた。
女性用トイレ
綿棒、歯ブラシなどのアメニティやベビーシートなど、ホテル並みに充実。
日本酒❸
直射日光を避け、温度管理を徹底。鮮度維持にはつねに配慮している。
炭場
お客さまの来店に合わせ、火を起こした炭を用意するところ。
カウンター❶
事務所
排気ダクト
煙や臭いを排気するためのダクトを設置。
物入れ
イスの下にあるので、とくに女性客に喜ばれる。
小上がり席
靴を脱いでくつろいでもらおうと、掘りごたつ式にしている。
囲炉裏❷

POINT
空間演出を徹底し、コンセプトを全面に打ち出した。機能性も重視し、居心地のよさ、使いやすさも追求している。

徹底した演出と機能性の追求による都会の中の安らぎ空間

こうした欠点から、設備投資が大きくなりがちな囲炉裏の設置だが、原さんがこだわった理由はいくつかある。

まず、当初から多店舗展開を視野に入れ、全店舗で同じ味、同じサービスを提供する意図があった。お客さまに食材を焼いてもらうスタイルなら、スタッフの調理技術もあまり必要とせず、人材育成にかかるコストや時間を削減できるからだ。

また、囲炉裏のお店はあまり多くないことに着目。都会に住む地方出身者にとっては懐かしく、若者には新鮮に映る囲炉裏には、エンターテインメント性もあり、集客が見込めると考えたという。

いまではリピーターも増えたことから囲炉裏料理だけでなく、これまでにない食材や、季節に合った料理を出したいと、オーナーをはじめスタッフらの食材探しは続いている。訪れるたびに何か新しい発見のある、楽しいお店づくりに向かって。

owner's choice

日本の風土が育んだ各地の伝統野菜に注目

「方舟」のメニューのウリでもある「加賀野菜」は、そのまま食べてもおいしい瑞々しい旨みあふれる有機野菜だ。京野菜などと同じく伝統野菜と呼ばれているが、決して特別な野菜ではなく、その風土が育んだその土地ならではの食材といえる。伝統野菜は、日本各地に存在し、それぞれの自治体や団体などが独自の基準で認定している。

加賀野菜の基準は、昭和20年以前から栽培され、現在もおもに金沢で生産されている野菜の中から、金沢市農産物ブランド協会が認定した野菜を指す。打木赤皮甘栗かぼちゃ・五郎島金時・源助だいこん・二塚からしな・加賀太きゅうり・金時草・加賀つるまめ・ヘタ紫なす・加賀れんこん・金沢一本太ねぎ・たけのこ・せり・赤ずいき・くわい・金沢春菊の15品目がこれにあたる。

加賀野菜の金時草、打木赤皮甘栗かぼちゃ、五郎島金時。それぞれ旬が異なり、いつもあるとは限らない貴重メニュー。

the shop

❶カウンター席は天板に沿うように、全席ひと続きになっている掘状の囲炉裏を設置。1人で訪れても囲炉裏を楽しめるようになっている。

❷大・中2つのテーブル席は、お店の一番の特徴。座席に畳地を張ることで、囲炉裏の座敷を演出。大勢でも少人数でも、大きな囲炉裏を囲む醍醐味は、何ともいえない楽しさがある。

❸北陸4県の日本酒約120種をそろえた。東京ではここでしか味わえないレアな酒も数多い。きき酒師の資格をもつスタッフにより、蔵の特徴や料理との相性、お客さまの好みなどにも対応。お店ではスタッフの知識向上を積極的に図っている。

shop data

方舟
住所／東京都港区東新橋1-1-2アソルティ東新橋2F
TEL／03-3574-7890
営業時間／17:00～24:00(L.O.23:30)、土曜～23:30(L.O. 23:00)
定休日／日曜・祝日
席数／55席（最大61席）
URL／http://www.ceory.co.jp/

方舟オーナーからのメッセージ

つねによりよい食材を求め、毎日漁師や農家などの生産者と情報交換しています。こうした地道な作業は、必ずいい結果につながります。

「実現が難しいことや人があまりやりたがらないことは、それだけやり遂げたときの喜びも大きくなるものです」

着物姿の女将が艶やかにおもてなし

華やかな文化「大正ロマン」、
そして「薬食同源」がコンセプト。
地元産野菜を生かした創作料理や、
焼酎アドバイザーである女将が
セレクトした本格焼酎が味わえ、
お客さまの健康にも
やさしい心遣いが光る。

大正ロマンカフェ居酒屋 うたかた
栃木県宇都宮市

オーナーのこだわり

…心からのもてなしを大切に。お金をいただくのは、お客さまが元気になった報酬として。

…元気の源は食。食して健康になる料理以外は提供しない。

!!!…「人々が夢をもっている」イメージの大正ロマンをテーマにしたお店づくりを徹底する。

かつて女将がOLだったころ憧れていたのは、若い女性が1人でも安心して、気軽に立ち寄れるような居酒屋。ある日、料亭で厚いもてなしに触れ、やがてその夢を自らの手で実現。なまめかしい深紅の壁、おそろいのアンティークの着物など、まるで別世界に迷い込んだよう。

(右) 廊下の突き当たりにある座敷は、時代を帯びた建具やガラス戸棚が、懐かしい茶の間を思わせる。少し奥まっているため、各テーブルにスタッフを呼び出すためのベルを設置。
(左上) カウンターの反対側にある部屋は、壁が真っ赤に塗られた「遊郭風」のつくりに。
(左下) 掘りごたつ式のカウンターと、たくさんの焼酎がディスプレイされている棚。

着物には人を喜ばせる力がある

まるで昔の人がタイムスリップして現代にいるみたい——そんな、お客さまの声もあるという「大正ロマンカフェ居酒屋うたかた」。女将の佐々木千春さんをはじめ、スタッフ全員がアンティークの着物で決めている。

「みんな着物を楽しんで着てくれています。着物姿で電車に乗っていると、外国人観光客が歓声を上げて寄ってきたり。着物には人を喜ばせる力があると感じます」

お店はJR宇都宮駅から少し離れた住宅街に、ひっそりと佇む隠れ家のような印象。その古風な店名とは裏腹に、フレンチ、イタリアンなどの経験もあるシェフによる、ジャンルを越えた創作料理が評判を呼んでいる。食材は魚介、馬肉、豚肉以外はほとんど栃木県産のものを使用し、日替わりを含め、メニューは常時60種ほど。「本格焼酎に合う料理」というオーダーも多く、お客さまの笑顔が見たいからと、できる限り要望に応えている。

酒は、全国各地の本格焼酎が常時100種以上。最近のお勧めの1つは「紅風車」（芋）で、やさしい口当たりと洋梨のような甘い香りが、女性にも喜ばれている。またスタッフの1人が丹精した果実酒も見逃せない。完熟みかん、グレープフルーツ、紅玉りんごなどを漬け込み、まろやかな味わいが楽しめる。

会社帰りにふと立ち寄れるそんな店をつくりたくて……

佐々木さんは学生時代、OLになったら「おいしい料理と酒を楽しみながら、やさしい笑顔の女将さんに恋愛話を聞いてもらう」——そんなお店に憧れを抱いていた。ところが、実際に働きはじめると、会社の周辺に寄り道できるようなお店はなく、仕事が終わればまっすぐ帰宅する毎日。そんなある日、上司の接待につ

(右) 新鮮な素材はいうまでもなく、焼酎に合う珍しい料理がいろいろとそろう。
(左上)「栃木県産ふっくらもち豚と馬のミートソースのオーブン焼き」(920円)。
(左中)「カリッ&トローリさつまいものニョッキの素揚げ　肉ミソとオリジナルすだちソース添え」(590円)。
(左下) 焼酎にピッタリ、鮮度バツグンの「会津産馬レバー刺し」(810円)。

加工品をいっさい使わない 手づくり料理で、おいしさと健康を

いて料亭へ。着物を着た女将の厚いもてなしに、仕事がハードで疲れていたこともあり、とても癒されたという。若い女性が1人でも気軽に立ち寄れるようなお店があれば……その思いはだんだん募っていった。

　それからほどなくして結婚、そして出産。その後、いずれご主人とお店をもつことを夢に、まずフレンチレストランで給仕の修業をし、縁あってビジネスホテルのバーを経営することに。ぜひにと誘われたものの、店舗経営についてのノウハウをもたないため、ある月は銀行残高がわずか3万円ということも。

　そこで、東京で開催されていた経営セミナーに参加。集客方法や商売のコツ、人材教育などを身につけ、売り上げを一気に倍増させるまでに。その経験と資金をもとに、念願の居酒屋をオープンさせたのだ。

　お店のコンセプトは「絢爛豪華で人々が夢をもって生きているイメージが好き」という大正ロマン。希望

お店づくりのワザを学べ!

自分を磨くためにしていることは?

現在もセミナーや経営者の会合に参加している。

「オープンのときに手助けしてくれた知り合いの酒屋さんや農家の人たち。新しいお客さまを連れてきてくれる常連さん。お礼などは特別にしませんが、何か協力していただいたときには心を込めて、ありがとうをいうようにしています」

焼酎アドバイザーの資格取得も、お店をはじめてから。通信教育で学んだ心理学は、スタッフやお客さまとのコミュニケーションに役立っている。

女性客に安心してもらうには?

なかなかマネのできない営業スタイルだが、22時以降の男性の1人客はお断りしている。

「何よりも女性が1人で飲んでも安心できるお店にしたかったからです。そのぐらいの時間になると、すでに酔った状態で入ってこられる方が多いので」。最初は「生意気だ」といわれたそうだが、ここまでの決断があってこそ、数多くの女性客の信頼を得ているのだろう。さらに酔ってほかのお客さまに絡んだり、下ネタを連発するようなお客さまには、すぐにお帰りいただいている。

スタッフとのコミュニケーション方法は?

かつてスタッフに辞意をもち出された際、たいへんなショックを受けたという。だから、二度と同じ思いをしないように交流を欠かさない。

「たまに温泉へ行ったり、落ち込んでいそうなスタッフには肩をポンポンとたたきながら声をかけたりしています」

また、制服の着物も大いに役立っているとか。

「着物を着ていると“きれいだね”とか“かわいいね”といわれます。そうすると自然と笑顔になって」気持ちよく働けるという。スタッフには年2回着物をプレゼント。もちろん仕事着としてだが、お店を辞めるときに進呈。個人の持ち物とすることで、より大切に使ってもらえるのだそうだ。

【開業資金の内訳】

店舗取得費	1,500,000円
店舗工事費	500,000円
備品、什器費	1,000,000円
初期材料費(酒含む)	500,000円
レセプション・広告宣伝費	300,000円
従業員教育費用(セミナー研修など)	200,000円
運転資金	2,000,000円
合計	6,000,000円

壁沿いに白い砂利が敷かれ、ちょっとした料亭気分の味つけに。少人数用の個室にしなかったのは、お客さま同士の交流ができるように。

HISTORY オープンまでの歩み

2000年
出産から数カ月後、いつかご主人とカフェを開業したいと、近所のフランス料理店で給仕の修業をする。

2002年2月
知人のビジネスホテルオーナーから館内のバーラウンジを経営しないかと話をもちかけられ、すぐに開業する。

2002年8月
バー経営が順調ななか、まったく別の場所で居酒屋を開業することを決意。

2002年11月
オープン。

i l l u s t r a t e d

【図解でわかる人気のヒミツ】

着物 1
お客さまへの告知 3
トイレ
遊郭風座敷
真っ赤に塗られた壁の座敷は、はじめてのお客さまに強い印象を残す。
果実酒
スタッフがこだわってつくっている。お店の人気メニューにもなっている。
アンティーク家具
飾り棚にしたり、少し手を加えたりとアレンジが光る。
白い砂利
座敷の壁沿いに白い砂利を敷き詰めている。
アンティーク建具
単なるオブジェではなく、うしろに照明をおき、より表情豊かに見せている。
茶の間風座敷
懐かしい雰囲気に浸ることのできる、家庭的なムードを演出。
カウンター
掘りごたつ式になっていて、厨房内の様子もうかがうことができる。
厨房
制服
おそろいのアンティークの着物が制服。女性は割烹着を着用している。
入り口
お店全体が小上がりになっている。左にあるのが靴箱。
トレードマーク 2

POINT

大正ロマンのコンセプト設計、古い着物だけでなく、女将のお客さまをはじめスタッフへの深い思いが光る。

お客さま同士の交流もできる遊郭を思わせる異空間

に近い居抜き物件を見つけると、古い家具を買いそろえ、板を張ったり壁を塗ったり、ほとんどの内装を手づくりで仕上げた。とくに目立つのが「遊郭風」の深紅の壁の座敷。さり気なくおかれた三味線、鏡台をアレンジした焼酎の飾り棚、各テーブルには小さな花瓶と、女将ならではの細かな心遣いと、一貫したコンセプトを感じとることができる。

オープンから4年、経営も軌道に乗り、現在は日光にある古着の着物屋など計3店舗を経営している。

「今後は、居酒屋をはじめ県内に数店舗出した後は東京へ進出。そこでさらに腕を磨き、着物事業と併せて7年後には海外にも進出したい」という佐々木さん。現在も経営セミナーや県内の経営者が集まる会合には積極的に参加し、自分を磨いている。

「新しいことを学ぶのは、とても楽しいし、実際に役立つ。それに仕事のことを真剣に話せる仲間も増え、人脈もますます広がっています」

owner's choice

スタッフがつくる自家製果実酒が看板酒に

とくに女性客に人気を博しているのが果実酒だ。常時3種がそろい、現在はみかん、グレープフルーツ、りんご。じつはこの果実酒、スタッフの横尾修弘さんの手づくり。自宅で母親とともにつくっているものだ。

佐々木さんが、いずれ自分の店をもちたいと考えている横尾さんに「何かウリになるものをもっていたほうがいい」とアドバイスし、いまジワジワと人気上昇中の果実酒を勧めたという。全30種近くをつくっている最中だ。

良質の果実を求め、休日を使って農家に直接買い付けに出向くこともあるというほど素材にこだわり、ものによっては出来上がるまで1年かかることも。

「お客さまは最初に1種類飲んで、それじゃあ次もと、結局3種類飲む方が多い。本当においしいですよ」という女将イチオシの果実酒。いまやお店の看板酒になっている。

自慢の果実酒の人気ぶりに、とても満足そうな横尾さん。そのまま飲むもよし、カクテルにしてもおいしいとのこと。

the shop

❶とくにお勧めしているわけではないが、お客さまが着て楽しむこともある。インテリアの一部としての視覚効果は高い。

❷店頭を飾るだけでなく、店内の各所に掛けられているトレードマークはスタッフの手によるもの。アンティーク家具とマッチしているデザインだ。

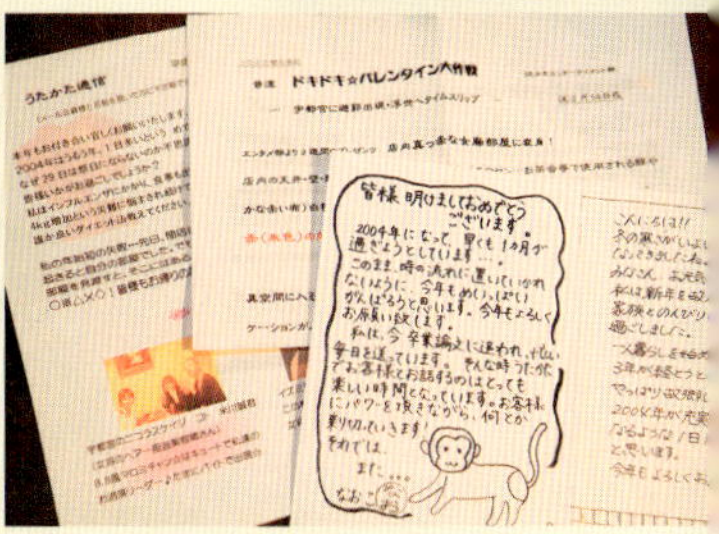

❸手書きの手紙を印刷したものなどとともに、2カ月に一度ぐらいのペースでお客さまに送付。最近ではお店以外のところで、この手紙が話題になることもあるそうだ。

shop data

大正ロマンカフェ居酒屋 うたかた
住所／栃木県宇都宮市峰4-10-28 1FB
TEL／028-664-0166
営業時間／17:30～翌1:00（週末は～翌2:00）
定休日／日曜 席数／収容人数35名、宴会時45名迄 URL／http://www.utakata-152cm.com/

うたかたオーナーからのメッセージ

結婚や出産後に起業される方は、自分のためだけでなく、家族のためという気持ちもあるはず。家族共通の夢とすることも大事です。

「家族に自分の思いをしっかり伝えればきっと協力してくれるはず。自分1人で頑張ろうと肩肘張らないことです」

「昭和」への郷愁をそそる、古くて新しいシモキタの顔

昭和の記憶を色濃く残した商店が
若い店主の手によって、
現代の「ビストロ」としてよみがえった!
うまいワイン、スペシャル料理を、
開放感とともに堪能できる、いまどきのお店に。
再開発エリアという立地にありながらも、
下北沢の街に活気をもたらすに違いない。

ウサヤ デ タパス

東京都世田谷区

東京・下北沢には、古くからアーケードつきの古い市場がにぎわっていたが、昨今はシャッターを下ろした商店の姿が目立つ。そのなかに、ある映画でセットとして使われた後、姿をがらりと変えた話題のバルが登場。時代を飛び越え、若いお客さまの注目の的になっている。

オーナーのこだわり

- …古い商店が軒を並べる市場は、近い将来、閉鎖されることが決まっているが、かえって話題性も。
- …築50年以上の木造建築を生かしつつ、内外装にはオリジナリティを取り入れている。
- …ひと手間かけて、インパクトのある味に仕上げたフランス料理。

（右）1階は仲間とワイワイ盛り上がりながら飲むのに最適な空間。天井や柱は改装せずにそのまま使用。周囲のお店と同化したような、ごちゃごちゃ感も魅力。
（左上2点）ゆったりとしたソファでくつろげる2階。裸電球のほのかな灯が、温かな雰囲気を醸し出す。左は調理から接客まで、1人で切り盛りする吉川さん。
（下）閉鎖の決まった「駅前食品市場」だが、新しいお店も何店か登場している。

古きよき時代の記憶に ビストロ風味を加えて

東京の人気タウン下北沢。駅北口のすぐ隣にある「駅前食品市場」には、八百屋や衣料品店、画材屋など、築年数の古い木造建築が軒を連ね、昭和のはじめにタイムスリップしたような雰囲気。この一角に、違和感なく溶け込むのが、「ウサヤデタパス」。ここも築50年以上の木造一軒家である。

じつはこの建物は、下北沢を舞台に描かれた独立系の映画『男はソレを我慢できない』に登場する「饅頭屋うさや」として使われたロケセット。撮影終了後、ここで開業しないかと、出資者に話をもちかけられた現店主の吉川倫平さんが1人で切り盛りしている。

「外観は映画のセットをできるだけ生かそうと、饅頭屋の看板を残すなど、ほとんど手を加えていません。ただ、1階の扉がなかったので、ビストロ風のデザインのガラス戸をつけています。それに白いペンでメニューやイラストを書き込み、商店街に溶け込みながらも洋風の店だとわかるようにしています」

1階は、お客さま同士がワイワイと盛り上がれるように、大きなテーブルを中央に設置。暖かい季節にはガラス戸を開け放ち、ほとんど通りと一体化するかのようにオープンになる。店内は禁煙だが、店外に灰皿を用意。またトイレは近くの市場の共同便所を利用するなど、酒好きには少々不便な点もなくはないが、かえって開放的な一面にもなっている。

靴を脱ぎ、ハシゴのような階段で2階に上がると、真っ赤なカーペットにちゃぶ台のおかれたひと間がある。壁は普通のベニヤ板を張っただけという、いたって飾り気のない内装。資金の制限からということもあるが、使い込まれた建物のもつ味のある表情を大事に残している。窓からは市場が見下ろせ、滅多に目にすることのない光景も楽しめる。

（右）「スルメイカのボロネーズキッシュ」（800円）。（中央・上下）「トリップ（牛の胃袋）の香草パン粉焼き 温製ラタトゥーユ添え」（1,100円）。店頭におかれる、イタリア・パルマ産プロシュート（生ハム）。（左・上下）「イトヨリ鯛の車エビムース詰め」（1,700円）。ワインはフランス、イタリア、チリ、カリフォルニア産など。1本2,500円〜、グラス500円〜。

本格フレンチの技が冴える ワンランク上の料理と、世界各国のワイン

リーズナブルな価格で インパクトのあるフレンチを

開業前は、渡仏して修業をしたり、老舗のフランス料理店でシェフを担当してきた吉川さん。出資者の意向もあり、当初は人気のスペインバルとしてオープンしたが、月日を重ねるごとに得意とするフレンチ中心のメニューに。ビストロ風のフレンチに、クラシックなテイストを加えた料理が人気を呼んでいる。

お客さまの目につきやすいカウンターを占領するキッシュや、ポトフ、ラタトゥーユなどは、家庭的なフレンチを基本としながらも、クオリティ感を出すためにひと工夫。通常キッシュは生クリームと卵を主材料にするが、卵はつなぎ程度にとどめ、生クリームの代わりに玉ねぎを加えたベシャメルソースを使用し、一般的なキッシュよりしつこくなく、上品な口当たりに仕上げている。

ボトルワインはフランスやイタリア産をはじめ、カリフォルニア、チ

お店づくりのワザを学べ!

料理をより魅力的に見せるには?

リーズナブルな価格設定のお店でも、食器には「リチャード・ジノリ」や「ピエール・カルダン」を使うなど、さり気なく高級感を演出している。

ちなみに食器は吉川さん自身が趣味で集めていたもの。そのほかのキッチン用品、年代物の扇風機なども私物とのこと。

食材のムダを省くには?

多くの食材を使って、さまざまなメニューを手がけている吉川さん。予想以上に料理が残ってしまったときなどは、別のものにつくり変えて翌日のメニューに加えることも。

たとえば、ラタトゥーユを翌日までもち越すと痛んでしまうため、じっくり煮込んでポタージュに仕立てるといった具合だ。素材も料理もできるだけムダにしないように工夫している。

1人でお店を切り盛りするのは大変?

材料の買い出し、調理、仕込み、接客、掃除など、すべてを1人で行うため、昼1時にはお店に入っている。また席数が少なく、小さめのお店ということもあり、人件費を抑えているが、忙しい時間帯にはヘルプを1人お願いしている。

厨房では、ほとんど立ち位置を変えずにすむ場所に、まな板や包丁、仕込んでおいた食材などをきちんと並べ、手早く調理できるようにしている。

さらに冷蔵庫のどこに何がおいてあるかをしっかり頭に入れておくことも大事。大人数のお客さまが来店して注文が殺到したときなど、いかにテキパキと動けるかがカギになってくる。

ところで、吉川さんは毎日必ず料理を1品以上考案し、新メニューとして加えることを自分の課題にしている。数日ごとに変更されるスペシャルメニューは、常時3〜5種類を用意している。

【開業資金の内訳】

店舗取得費	1,000,000円
	(家賃、契約金などは出資者が負担)
内外装工事費	3,000,000円
備品、什器費	300,000円
運転資金	300,000円
合計	4,600,000円

映画のセットとして使われたときのスナップ写真。現在の厨房が居間に、1階の客席が饅頭の売り場になっていたことがわかり、不思議な気分になる。

HISTORY オープンまでの歩み

1998年
大学時代に魅せられたフランス料理店で修業。料理人の道をめざす。

2004年3月
フレンチの腕を磨くため渡仏。ボルドーのフランス料理店で修業を重ねる。

2005年2月
青山のフランス料理店「フェルゼン」でシェフを務める。

2005年9月
青山「ブルースウェバー」のギャラリーのカフェ運営や立ち上げに携わる。

2005年11月
下北沢の映画のロケ跡地での開業話をもちかけられる。

2006年1月
オープン。

illustrated

【図解でわかる人気のヒミツ】

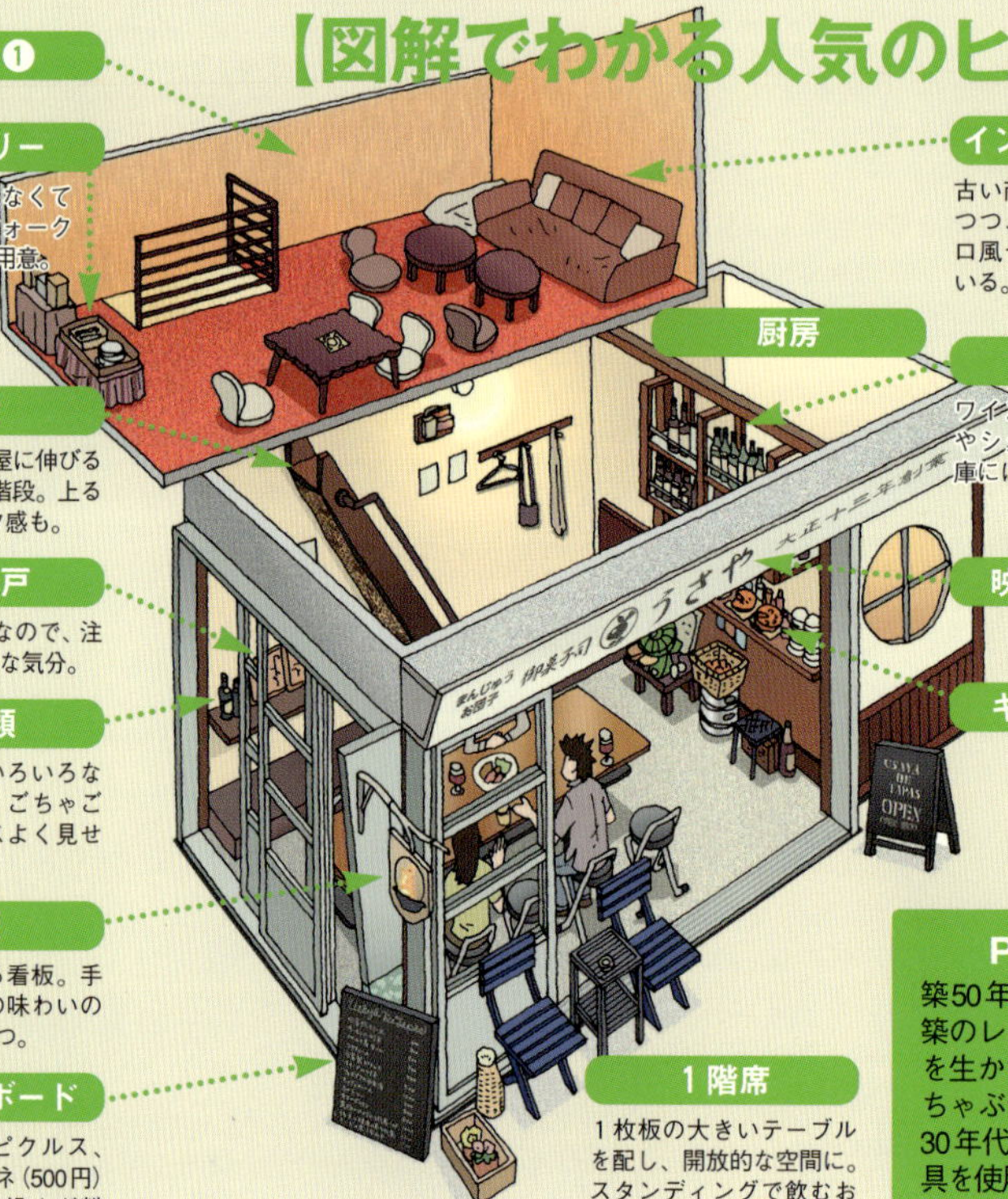

2階席❶

カトラリー
急な階段を下りなくてもすむよう、フォークやナイフなどを用意。

階段
まるで屋根裏部屋に伸びるかのように急な階段。上るときにはワクワク感も。

ガラス戸
通りから素通しなので、注目されているような気分。

雑貨類
店主が集めたいろいろな古いものなど。ごちゃごちゃ感をセンスよく見せている。

看板
店主の手による看板。手描きならではの味わいのある小道具の1つ。

メニューボード
定番の自家製ピクルス、オリーブのマリネ（500円）などから、手の込んだ料理まで。

禁煙
店内は禁煙だが、お店の外に灰皿が用意されている。

インテリア、内装
古い商店の味わいを残しつつ、店主によるビストロ風センスがマッチしている。

厨房

ボトル棚
ワインのほか、ポルト酒やシェリーも用意。冷蔵庫にはシャンパンもある。

映画セット❷

キッシュ類❸

1階席
1枚板の大きいテーブルを配し、開放的な空間に。スタンディングで飲むお客さまも多い。

POINT
築50年以上の木造建築のレトロな雰囲気を生かす。2階では、ちゃぶ台など、昭和30年代を思わせる家具を使用している。

これ以上ないオープンな雰囲気！
市場を見下ろす２階も人気

リ、スペインなど、さまざまな産地の銘柄をそろえるほか、おいしいグラスワインも手軽に飲める。

「グラスワインのおいしい店が少ないので、そこにこだわりたいと考えました。カルミネールやシャルドネなど、凝縮感があり、しっかりとした味わいで、ほとんど酸化しない品種がグラス向き。産地より品種を重視することが大切です」

　繊細な味つけにボリューム感のある料理とワインをリーズナブルに――一見雑然としたお店のように思えるだけに、その意外性がより際立って感じられる。出資者との契約は、開業から1年間という約束ではじめたが、すでに半年で客足は順調。若い人だけでなく、近所の商店主をはじめ、足繁く通う人も。契約期間をさらに継続させる話も出ているらしい。

　たしかに立地としては時代とともに忘れ去られようとしてはいるが、お店の個性次第で人の流れを変えることも決して不可能ではないのだ。

owner's choice

自ら手がけたイラストなどでオリジナリティを演出

「ウサヤ デ タパス」では、古い建物の魅力を壊さないよう、内装やインテリアなどに吉川さん自身のテイストをさり気なくつけ加えている。

イラストやメニューを白ペンで描き入れたガラス戸や、ウサギをトレードマークにした軒看板などのほか、卵に顔を描いて飾ったり、ドイツの照明デザイナー、インゴ・マウラーの作品を使用するなど、小物のセンスにもオリジナリティがうかがえる。思わずしげしげと眺めるお客さまも多いという。

学生時代は美大をめざしていたこともあり、「自分で創作したものを店に取り入れるのは楽しい。メニューのイラストなども自分で描いています」と吉川さん。思わぬところで、もう1つの才能が生かされた。

入り口のガラス戸に書き込んだイラスト（上）や、インゴ・マウラーによる作品（下）は、お客さまを喜ばせる小道具の1つになっている。

the shop

❶足を伸ばしてゆったりくつろげる2階席があり、1階との使い分けができる。窓からは商店街の様子や、小田急線が通る踏切を見下ろせる点も、雰囲気を満喫できると好評。

❷映画から飛び出したような外観を生かすため、撮影で使われた「うさや 大正十三年創業」の看板もそのまま残している。

❸入り口付近のカウンター前に、見た目も楽しいキッシュなどを並べ、お客さまのオーダー意欲をかき立てている。

shop data

ウサヤ デ タパス
住所／東京都世田谷区北沢2-24-14
TEL／080-3158-4613
営業時間／18:00～翌2:00（L.O.1:30）
定休日／日曜・祝日
席数／20席
URL／なし

ウサヤ デ タパス オーナーからのメッセージ

買い出しから仕込み、調理、接客まで、すべて1人でこなすのは大変。でも自分のやりたいことが自由にできるので楽しいですよ。

「商店街は、いずれは閉鎖されますが、今後もどこかでお店を続けたい。また海外に行って腕も磨きたいです」

キャンドルの灯がゆれる、隠れ家風ダイニング

地下のほの暗い空間に下りると、
不ぞろいなテーブルとソファ、
古いピアノやギターが陶酔へと誘う。
好きなドリンクや無国籍料理を、
時間を忘れて満喫してほしい。
ここは日常から解き放たれ、
誰もが自由になれる空間。

VANILLA BEANS《バニラ ビーンズ》
東京都世田谷区

壁や板張りの床はスタッフの手によるもので、その雰囲気に合わせたイスやテーブルは、ベージュやグレー、ブラウンなど、色やフォルムが異なり、自由気ままな空間を演出。約200種類の酒と、エスニックから和洋折衷までの無国籍料理が人気だ。

オーナーのこだわり

- …手づくりの壁や床と古いインテリアが相まって落ち着いた雰囲気に。
- …洋酒から日本酒まで、200種類以上と、バー並みにそろえる。
- !!! …「料理がしっかり食べられる居酒屋」を基本に、パンやピザなども生地をこねるところから。

（右）テーブルやソファの形や高さはそれぞれ異なるが、木を基調にしたものを多く選び、デザイン的な統一感を考えている。入り口を入って右側の部屋の床は一部タイル張りに。
（左上）ミントグリーンのさわやかなエントランス。間接照明でよりムードを盛り上げる。
（左下）ピアノとギターはお客さまの希望があれば、誕生日祝いに演奏してくれる。

ダークトーンの家具と間接照明が温もり感を演出

赤やベージュ、ブラウンとそれぞれ色合いは異なるものの、ダークトーンで統一したユーズドファニチャー、漆喰風の素朴で温もり感のある壁や木の床などが、隠れ家のような雰囲気を醸し出す。その親密な空気は、壁の随所に取りつけたライト、テーブルのキャンドルがほのかに照らす効果もあって、落ち着いたラウンジ風にも感じさせる。

「家具はメーカーなどにこだわらず、自分が気に入ったものを購入しています。代官山や目黒の有名なインテリアショップに頻繁に足を運び、気に入った家具を見つけたら、それに似ているものをリサイクルショップで探すことが多いですね」とオーナーの中村志郎さん。

壁や板張りの床は中村さんをはじめ、スタッフ自ら手がけたもので、よく見るとそろっていないところも。ピカピカの家具をそこにおくと浮いてしまうからと、1つひとつリサイクルショップで購入。テーブルやソファの高さ、フォルムなどもすべてバラバラだ。味わいのあるお店の持ち味を壊さないためという。

「当初は家具もすべてスタッフが手がけましたが、プロが設計したものとは違い、釘の打ち方が少しでも曲がってしまうと座り心地が悪くなります。目立たないゆがみなどもあり、2年後には見かけもみすぼらしくなってしまったので、既製品に買い替えました」と試行錯誤もあった。

仕込みに時間をかけた料理と豊富にそろった酒が魅力

メニューは、串焼きなどの和食から洋食、エスニック料理をはじめ、和とエスニックを織り交ぜた折衷料理など、ノンジャンルの創作料理が常時約40～50種そろうが、開業当初はいまの半分以下だったという。

「料理より食器や灰皿に凝るなど、重点をおくポイントを間違っていま

(右) 黒ビールを使ってコクのある味わいに仕上げた「牛ほほ肉の黒ビール煮 ブラウンブレッド添え」(780円)。ビールは左が、オーガニックビール「シュッツェンベルガー」(680円)、右は「Bass」(530円)。
(左上) ホタテ、ウニ、アボカドなどを巻いた「帆立と粒うにの生春巻き」(780円)。フルーツをたっぷり漬け込み、スパイスを加えた「自家製サングリア」(グラス500円) は甘さ控えめに。
(左下)「ニース風サラダ」(780円) と、さわやかな飲み口のオリジナルカクテル「シクラメンテキーラ」(630円)。

40〜50種類そろったフードメニューは和、洋、中、エスニックと幅広いラインナップ

した。料理も生春巻やナシゴレンなど、手軽につくれるものばかり。当然、客足は伸びませんでした」

そこで、開業後3カ月を経るころから、新メニューの試食は必ず社員スタッフ全員で行うことに。前菜メニューを食べるときは空腹状態で、また肉や魚などのメイン料理はサラダなどを食べ、少しお腹を満たしてからと、実際にお客さまが食事を取るときのコンディションに合わせて、味の感じ方やボリュームについて意見を出し合い、完成させていった。

パン、ピザなども生地をこねるところから手がけるほか、2日間かけてやわらかく煮込む「牛ほほ肉の黒ビール煮」など、手間ひまかける独自のメニューも徐々に増やした。そのため開店の3時間前からと、深夜12時〜翌3時は料理の仕込みの時間に費やされる。

豊富な料理メニューのほか、200種以上そろった酒もこのお店の自慢。ビール、ワイン、スピリッツ、

お店づくりのワザを学べ！

お店が地下にあることをアピールするには？

地下1階という立地は、あまり目立たないもの。そこで、開業当初は1階の入り口の外壁全体を黄色に塗り、電飾をつけて華やかにすることで通行人の目を引きつけたという。

「お店の存在をいかにアピールするか必死でした。10年経ったいまでは知名度も多少出てきたし、お客さまの年齢層も幅広くなったので、落ち着いた色のミントグリーンに変えました」

お店ならではのサービスは？

ピアノや壁に掛けられたギターはインテリアとして飾られているだけではない。お客さまの誕生日には、希望があればスタッフがギターやピアノを弾きながら「ハッピーバースデー」の歌を歌う。

「リピーターのお客さまなどに日ごろの感謝を込めて演奏します。たいしたことではないかもしれませんが、喜んでくれるお客さまが多いです」

メニューの種類が多いと仕入れも大変では？

まず材料をムダにしないことがポイント。できるだけ1つの材料を複数のメニューに使い回せるよう、ベースとなる素材以外はその日多めに仕入れた食材を利用するように工夫している。

たとえば「ニース風サラダ」では食材を10種類以上使うが、ツナ、アンチョビ、卵など基本食材以外はすべて季節の野菜を使用するなど、日ごとに替える。その日仕入れた材料を余らせるのはできるだけ避けたい。

共同経営の長所と短所は？

当初は2人の友人と共同経営していた中村さん。その長所は1人より心強いこと。開業資金を複数でまかなえるという一方で、お互いの意見が分かれることもあり、役割分担することが大切だ。

「3人で経営する場合、2人の意見が分かれたときに1人が客観的に意見をまとめることができます。2人で経営するよりは3人のほうが意外とうまくいくかもしれません」

現在、中村さんが1人で経営するようになったのは、お互いの進みたい道が変わった結果という。

【開業資金の内訳】

店舗取得費	2,000,000円
内装（外装含む）工事費	4,000,000円
備品、什器費	3,000,000円
インテリア類	200,000円
合計	9,200,000円

温かな質感の壁から漏れるように灯る間接照明。右はお店のイメージと合わせたシックなショップカード。

HISTORY オープンまでの歩み

1995年12月
大学卒業後、入社した重工業関連会社を8カ月で退職。

1996年1月
大学時代の友人たちと3人で飲食店を経営することを決意。

1996年2月
3人で物件探しを開始。都内を中心に50軒ほど回る。

1996年8月
現在の物件を見つける。

1996年9月
店舗工事開始。水道、ガス、電気などは専門業者に任せ、内装工事は自分たちで手がける。

1996年11月
オープン。

illustrated

【図解でわかる人気のヒミツ】

トイレ
壁、床などを店内のデザインイメージと統一。
壁
ラフな漆喰風の印象に仕上げ、独特な温もりを演出。
窓
地下のお店ながら余分なスペースを設け、窓を設置。空間に広がりを与えている。
ボトル棚
厨房
壁の装飾 ❶
ボトル棚 ❸
テーブル＆イス ❷
床
時を経るとともに味わい深さを増していく木の床。
ピアノ
インテリアとしての存在感も大きいが、スタッフの手で演奏されることも。
すだれ
料理
ノンジャンルの豊富な料理と、料理に合わせる酒のラインナップが自慢。

POINT
手塗りの壁と板張りの床の雰囲気にユーズドファニチャーを合わせ、温もり感漂う店内に。間接照明も心を落ち着ける。

ほのかな灯の幻想的ムードが、テーブルを囲む人の心を躍らせる

カクテル、焼酎、日本酒など、お客さまが食べるものと相性のいい酒を、幅広いラインナップから選ぶことができるようにしている。

「焼酎は九州や離島をはじめ、日本各地に足を運び、気になる酒を見つけたら直接酒屋に交渉します。現地でしか飲めない酒や幻の焼酎と呼ばれる銘柄もおいています」

中村さんをはじめ、スタッフが私用で旅行に出かけるときにも、必ずその地の地酒をチェック。普段取り引きしている業者から仕入れるだけでなく、インターネットで珍しい酒を探すなどメニュー開発にも余念がない。

2006年には10周年を迎えるが、「現在もまだまだ未完成。これからも改善すべき点を考えて、妥協せずに店を長く続けていきたい」と中村さんはいう。

オーナーもお客さまも、どっぷりとお店のムードに浸り、酒と料理を自由に楽しめるお店だ。

owner's choice

内装を自分で手がけるときの基本ポイント

壁を漆喰にすることに憧れていた中村さんだが、資金が足りず建築関連の本などで調べて工夫。パテで下地を塗った上に金色のスプレーを吹きつけ、さらにその上に白色の水性ペンキを塗り、オフホワイトの壁に仕上げている。

しかし、床を板張りにする際は失敗も。「目分量で買って木材が余り、たくさん捨ててしまいました」とか。

図面をもとに必要になる板のサイズ、枚数などをきちんと計算し購入することが大切だが、「経験がないと1枚の板から何枚の板がとれるかわかりづらいもの。効率を考えるなら専門家に相談したほうが得かも」と中村さん。自作は経費削減できる長所ばかりではない。きちんとした計画が必要だ。ホームセンターなどで方法を聞くか、経験者といっしょに行おう。

ダークブラウンの木の床と壁の質感が温かい雰囲気。壁の色は街を歩いて見かけた建物を参考にしている。（下）壁の一部に鏡をはめ込み、遊び心のある内装に。

the shop

❶オブジェとともにライトを設置し、インテリアを兼ねた間接照明に。花のバスケットや小瓶など、さまざまなアイテムを飾る。

❷食事もゆったりできるローテーブルとソファ。ソファを購入すると、テーブルの高さとのバランスを考えるため、必ずソファに座って料理を食べてみる。

❸角の席近くの壁面にボトル棚を設置。ズラリと並んだボトルがインテリアの役割を果たし、圧迫感を緩めてくれる。内側の厨房からもボトル棚として活用できる。

shop data

VANILLA BEANS

住所／東京都世田谷区玉川3-23-24 カームヴィアマーレB1F
TEL／03-3708-6773
営業時間／18:30～翌3:00（L.O.2:00）、日曜・祝日～24:00（L.O.23:30）
定休日／無休
席数／40席
URL／なし

VANILLA BEANSオーナーからのメッセージ

給料ゼロが続いた最初の２年はつらかった。でも、妥協を許さずにハードルを高く設定し、売り上げが伸びない理由を追求し続ければ必ず報われると思います。

「今年で10周年を迎えることができました。今後は飲食店に限らず、支店を出せたらうれしいですね」

新鮮な素材を生かした料理が豊富 | 07

強い個性をもつ京野菜を、気取りのないお酒の供に！

**トタンの壁にビニールのゲートと
至ってシンプルなつくりながら、
ウッドデッキにカウンターと、幅広い人に
利用しやすいようレイアウト。
何よりも素材の野菜に自信あり！
その味を気取ることなく楽しんでほしい、
それを第一に考えたお店づくり。**

やさい酒場《さかば》
東京都世田谷区

下北沢駅に近く、周囲のお店とは異にするビニールのゲートに、誰もが思わず興味をそそられる。正面から見ると、市場のようにも屋台のようにも見えるが、店内はシンプルで明るく、カフェバーのようでもある。

オーナーのこだわり

- …安価な素材やリサイクル品の活用で、コストダウンを徹底した。
- …京都の露地有機栽培野菜を中心に、肉やお酒など、こだわり素材をそろえた。
- !!!…女性客を意識し、野菜を食べながら気軽に酒を楽しめるお店。

（右）10人以上が座れる長いカウンター。奥行きもあり、お皿をたくさん並べても充分に余裕がある。
（左上）平日11:30～15:00（土・日・祝日～15:30）のランチタイムには、毎日大勢のお客さまでごった返す。
（左下）建築現場の足場を利用したボトルディスペンサー。無機質なところがかえって近未来的な印象も。

露地有機栽培の野菜で味と独自性を演出

下北沢の駅からほど近い、雑居ビルが立ち並ぶエリアに、こつ然とあらわれるトタン板張りの「やさい酒場」。ビニールのゲートで仕切られた店頭のデッキスペースは、開放感と屋台のようなワクワク感が漂っている。

店名でもわかるとおり、ここは野菜料理で酒を楽しむ居酒屋。メインとなる野菜は、京都で露地有機栽培されたものを仕入れている。露地栽培とはビニールハウスなどで温度調節をせず、露天でそのまま育てること。

「有機野菜はよくあるけど、それを露地栽培しているところは珍しい」とオーナーの森下悟史さんがいうように、露地栽培は野菜にとって環境が厳しく、野菜自体の生命力が強くないとうまく育たない。しかし、そのぶん食べたときの味が濃く、歯ごたえのしっかりした野菜ができるのである。

森下さんがこうしたお店をつくろうと思ったのは、出身地の京都に野菜農家の知り合いがいたこともあるが、何よりも味と個性で勝負しようと思ったため。雰囲気がいいだけのお店には流行があり、なかなか長続きしないと考えた。

そこでまず、どんなニーズがあるかを探るべく下北沢の街と周辺のお店をチェック。すると学生などが多い南口にくらべ、北口は少し大人の女性が多く、食に対する健康意識も高いことが推測できた。

それにお酒を飲むところといえば、バーやチェーン居酒屋といったお店ばかり。この立地条件なら「気軽に有機野菜を食べられる居酒屋」で独自性も打ち出せると考え、それをコンセプトとすることにした。

目立たない部分までコストダウンを徹底

駅から徒歩2分、広さは27坪で50席。このような好条件の物件は、普通なら相当の初期投資が必要だ。し

(右上)「牛ランプのタタキ　有機サラダ仕立て」(790円)。季節の有機野菜は肉や魚料理にもふんだんに盛り込まれる。
(右下) 鳥取産大山地鶏使用の「ブロッコリーと地鶏の棒棒鶏」(590円)。その日の入荷状況により、日替りメニューも登場。
(左上) 蒸したての里いもとチーズの食感が楽しい「里いものカリカリチーズ」(490円)。京風おばんざい料理も多数そろう。
(左下)「黒米と有機アボカドのカリフォルニアロール」(600円)。奥は京都・太秦「森漬物」の漬け物「わさび茄子」「嵯峨しば漬け」「ゆず入り大根」(各450円)。ご飯ものもあり、定食感覚で注文するお客さまも多い。

京都の自然が育むオーガニック野菜の奥深さを、いま風にアレンジ

かし、森下さんはそれを７００万円という低コストに抑えることができた。余計な装飾はせず、できるだけリスクを避けたいという徹底したコストダウンの結果である。

たとえば内外装には、トタンやブリキといった安価な建築資材を利用。工事現場のような無機質な印象を与えかねないところ、あえてそのままに。食器や酒瓶を保管する棚も建築現場の足場を利用したもの。厨房機器やイスなどはリサイクル店で購入。さらにカウンターは合板を5枚重ね合わせたうえに、一番上と一番下の板以外は、外枠だけの空洞にするなど、少しでも費用を削減するためのあの手この手が施されている。

もちろん、このように一貫した低コスト意識はお客さまに出すものへの自信があってこそ。現在提供している野菜料理は、素材を生かしたサラダ系、チーズやオリーブオイルなどと組み合わせた酒のつまみ系、柑橘系の香りで仕上げた和風料理系が

お店づくりのワザを学べ！

仕入れはどうやっているの？

酒販店選びに関しては、仕入れ日や数量などの融通を聞いてくれるかを確認。一度決めたら長いつき合いになるので「価格だけではなく、こちらの話を聞いてくれる人かどうかということも吟味したほうがいいと思います」とアドバイスする。

食材以外の必需品、たとえば調味料やキッチン用品などの卸業者は、おもにインターネットや電話帳で調べた。「町を走っているトラックの会社名も、よくチェックしました」と森下さん。

気になった業者には、必ず一度担当者に来店してもらい、話をする。商品の善し悪しをはじめ、その担当者の人柄や対応がいいかどうかも、その場で見極めるという。

内装工事のコスト削減って？

お店がある場所は以前、駐車場だったところ。地主が知り合いだったこともあるが、森下さんが独立する際には、建物を建てて貸してくれるという約束をしてくれた。そこで建物の設計段階から参加させてもらい、そこからコストの削減やムダを省くよう「かなり口うるさく意見をいいました」と森下さん。

たとえば建築資材や電気容量は必要最小限に抑えたり、棚などは既製品を購入せずにすむよう、大工さんに頼んでつくってもらったりした。

「そのうち大工さんたちも『こうしたほうがいいんだろ？』みたいに理解してくれるようになりました」（森下さん）。

売り上げアップのためにやっていることは？

週末や休日には一見客が多いため、雰囲気や料理名などでお店をアピールする。

たとえば、お店が空いているときには、お客さまをなるべく通りに近い席に座らせて活気のある様子をアピール。また、お客さまに話しかけることで、楽しそうな雰囲気を演出する。

料理名には「シャキシャキ」「地鶏」などの言葉をうまく織りまぜ、メニューを見ただけで食欲をそそるようなネーミングにしたり、季節ごとの素材を使った新しい料理をつねに提供できるよう心がけている。

【開業資金の内訳】

店舗取得費	1,200,000円
内装工事費	4,700,000円
備品、什器費	1,100,000円
合計	7,000,000円

波型のトタン板をつなぎ合わせた内壁には、採光のために窓を造作。2つの丸型テーブルをつないで広く使えるようにしたテーブルも自作によるもの。

HISTORY

オープンまでの歩み

2002年2月
独立を考え、それまで勤めていた証券会社を辞め、株式会社ベンチャーリンクへ。店舗のオペレーションや立地調査、土地開発などに携わる。

2003年12月
駐車場だった現在の物件と出会う。独立の際に借りることを、地主と約束。

2004年3月
会社を辞め、有限会社ピーウィー・アライクを設立。オープンに向けての準備をはじめる。

2004年11月
物件の正式契約。

2004年12月
オープン。

i l l u s t r a t e d

【図解でわかる人気のヒミツ】

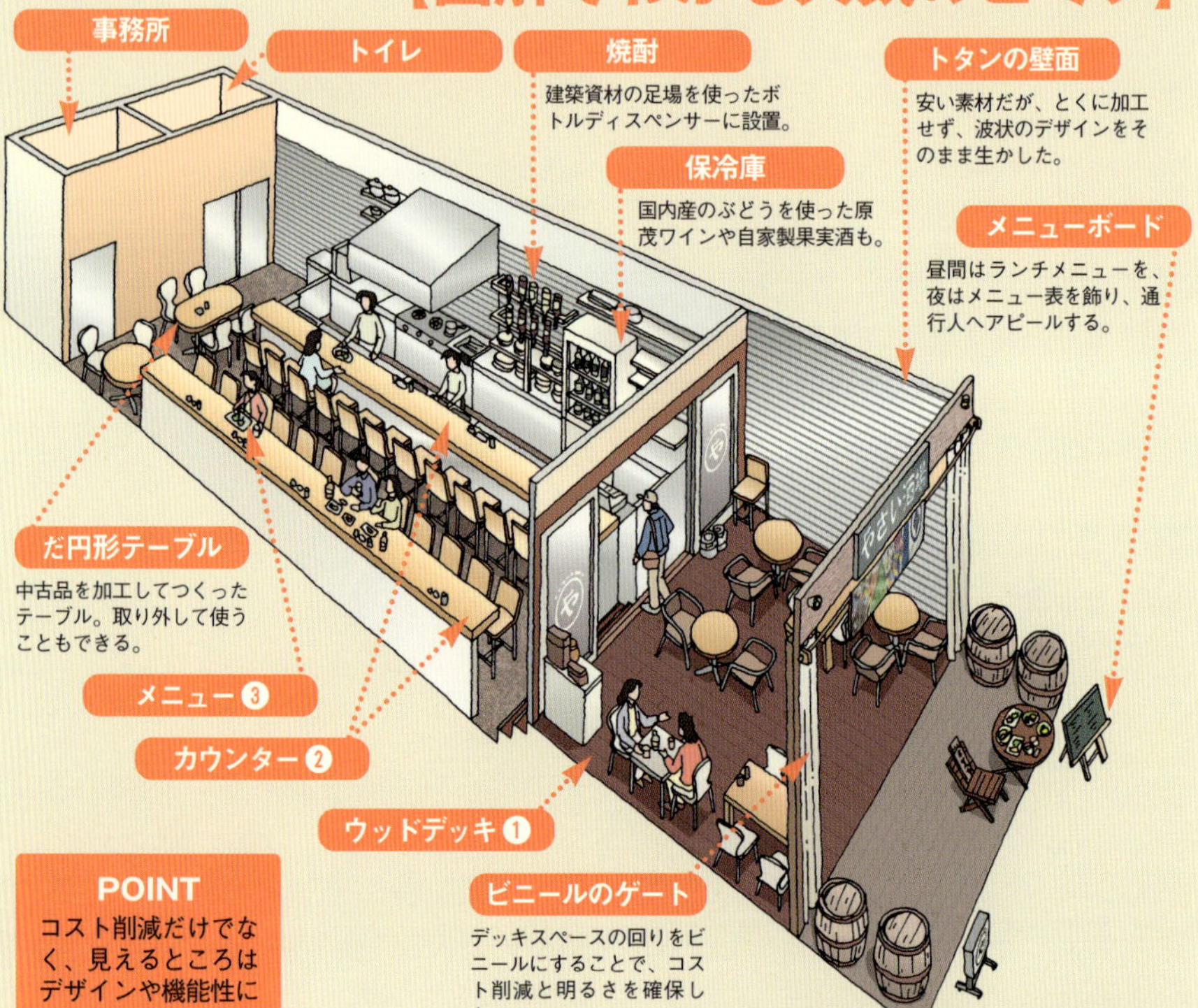
事務所
トイレ
焼酎
建築資材の足場を使ったボトルディスペンサーに設置。
保冷庫
国内産のぶどうを使った原茂ワインや自家製果実酒も。
トタンの壁面
安い素材だが、とくに加工せず、波状のデザインをそのまま生かした。
メニューボード
昼間はランチメニューを、夜はメニュー表を飾り、通行人へアピールする。
だ円形テーブル
中古品を加工してつくったテーブル。取り外して使うこともできる。
メニュー❸
カウンター❷
ウッドデッキ❶
ビニールのゲート
デッキスペースの回りをビニールにすることで、コスト削減と明るさを確保した。

POINT
コスト削減だけでなく、見えるところはデザインや機能性にもこだわる。見えないところは徹底してムダを省いた。

徹底したムダの排除と工夫で、シンプルで温かい空間に

おもなラインナップ。

　このほか鳥取の大山地鶏や岩手の岩中豚、京都・太秦「森漬物」の漬け物など、野菜以外の素材も森下さんが厳選したもの。こだわりのあるメニューばかりだが、価格は390〜790円が中心で、至ってリーズナブルだ。

　それもこれもすべては「気取って食べるのが好きじゃないから」という森下さんの居酒屋に対する考え方から。「オーガニックをうたった上品なお店はたくさんあります。でもこのお店は『理屈ぬきに有機野菜を食べて、お酒でも飲んでよ!』という感じなんです」と森下さんは笑う。

　まさに「気取り」とは無縁のお店だが、野菜が厳しい環境の中で育ってこそ豊かな味わいを育むように、お店の成長にも勢いが必要だ。その点でいまどきのお店のようにも、昔からあったお店のようにも感じられる。その時代を問わない勢いのよさが人を呼ぶのだろう。

owner's choice

味や歯ごたえに注目の自然が育てる露地栽培の野菜

露地栽培の野菜の魅力は、何といっても野趣あふれる味や歯ごたえ。健康志向から消費ニーズも高まっているが、市場に出すまでに育て上げるには多くの苦労がつきもの。

まず収穫期が季節や天候に左右されがち。ハウス栽培と違い、温度調節ができないので、旬にしか収穫できない。また露天であるがゆえに、ハウスより害虫のつく可能性が高い。「有機で露地栽培しているところは珍しい」と森下さんがいうのもそのため。

なかなか難しい栽培法にも思えるが、厳しい気候や害虫に勝とうとして、生命力の強い、味の濃い野菜になるため、露地栽培にこだわる農家は少なくない。森下さんは京都在住の知人の老夫婦から仕入れている。

素材そのままの味だけでなく、チーズやオリーブオイルなどと合わせることで、さまざまな可能性を引き出している。

the shop

❶夏はビニールゲートを開放してテラス感覚で、寒い時期でもゲートを閉じれば屋外感覚が楽しめる。野菜やメニューをディスプレイし、訴求ポイントとしても活用している。

❷周辺の飲食店を調査したところ、団体客より2人前後のお客さまが多かったため、カウンター席を多めに設置。その結果、単純な動線で使い勝手がよく、縦長の店舗ともマッチした。

❸素材の味をそのまま生かしたメニューから、手をかけて味つけした料理など豊富にそろう。左の写真は「露地京水菜のシャキシャキサラダ」(600円)。

shop data

やさい酒場
住所／東京都世田谷区北沢2-25-10
TEL／03-5454-0005
営業時間／11:30～15:00（土・日・祝日～15:30）17:00～23:30　定休日／水曜
席数／店内テーブル7席、カウンター28席、デッキ18席　URL／なし

やさい酒場 オーナーからのメッセージ

お酒を飲む場でかしこまってしまっては、味も雰囲気も楽しめません。だから、自慢の野菜を食べながら気軽に楽しんでもらえるお店をつくりました。

「生命力の強い露地有機栽培の野菜は、スーパーで売っている野菜とは全然違います。ぜひ一度試してください」

1人でも、仲間同士でもよし。気軽に炭火で炙って食する「贅沢」

夜の遅い街、西麻布が
ようやく静まり返る明け方５時。
早朝にもかかわらず、明るい声と
白い煙のあふれるお店が１軒。
おしゃれな街に現れた、
小さな田舎家のような魅力とは？

炙り処《あぶどころ》 ほしかわ家《や》

東京都港区

全国各地から取り寄せた新鮮素材を、お客自らが炭火で炙るスタイルの立ち飲み店。つい長居したくなるほど落ち着く店内は、誰もが懐かしく思える温かさが魅力になっている。周囲が暗いこともあり、近くを歩いているとよく目立つ。

オーナーのこだわり

- …立ち飲み店、手軽な居酒屋の少ない街をあえて選んだ。
- …自ら現地まで行って厳選した産直野菜と、知る人ぞ知る名店の干物、本場九州の焼酎にこだわった。
- !!! …「おばあちゃんの家」をコンセプトに、気楽で楽しいお店づくりをめざした。

(右) 裸電球の下、酒のケースを代用したテーブルなどもあり、気取りのない店内。一番奥は鏡張りになっていて、実際よりも店内を広く見せている。左側の壁に焼酎の銘柄がずらりと並ぶ。
(左上) 焼酎をお湯割りで提供する「本日の黒ぢょか」は、鹿児島の温泉水で割った焼酎を甕に入れ、1週間寝かせたものを用意。
(左下) 入り口側のカウンター内には厨房設備、炭台などを設置。希望すればスタッフが焼いてくれる。右側の壁には、長いお品書き。

都会の真ん中に現れた田舎家のようなお店

風除けビニールを通してこぼれてくる、裸電球のオレンジ色の光。すすけた天井の下で、七輪を囲みながら談笑する来店客とスタッフ。田舎家の温もりを感じさせるこのお店、じつは東京の真ん中、西麻布交差点のすぐ近くにある立ち飲み店だ。

コンセプトは「漁師町のおばあちゃんの家」というオーナーの星川純さん。干物をつくる網籠を看板代わりにしているように、おいしい一夜干しがお店のウリだ。店内にはレトロなレジや黒電話が現役で活躍し、人の手に馴染んだ懐かしさが漂う。

西麻布といえば、しゃれたレストランやクラブが並ぶイメージがあるが、それを逆手にとった居酒屋といえるだろう。立ち飲みにしたのは、物件が狭いこともあったが、周辺に同じようなお店が1軒しかなかったから。朝帰りの人や明け方まで営業している他店のスタッフを顧客ターゲットに、朝8時まで営業している。

こうしたお店を思いついたのは、星川さん自身、海の幸の豊かな伊豆・下田出身ということもあるが、東京に出てきた友人らをはじめ、お店を訪れた人の誰もが心を開き、気軽にうまい肴で酒を飲める場をつくりたいと考えたからだ。

懐かしい雰囲気だけでなく、サッカー日本代表の試合があるときはテレビで応援しながらお客さま同士盛り上がったり、益子へお客さまとともに陶芸ツアーに出かけ、できた器はお店に備え、いつでもマイグラスで飲めるようにするなど、お客さまと一体になったお店づくりでファンを増やしている。

素材を通して伝えたい農家や漁師の熱い思い

お品書きに並ぶのは、すべてスタッフが現地まで赴いて実際に味を確かめた産地直送もの。一夜干しは、下田の老舗「小木曽商店」から取り

（右）素材の味わいだけでなく、自分用の炭台で炙る時間の楽しさも格別。手前は珍味盛り合わせ。左から「ホヤの塩辛」「牡蠣の塩辛」「赤烏賊の塩辛」（各500円）。
（左上）伊豆下田「小木曽商店」の干物。左から「金目鯛の一夜干し」（700円）、「真鯵の一夜干し」（400円）、「氷下魚（こまい）の一夜干し」（500円）。
（左下）野菜は炙るか、茹でるか、生で食べるかのいずれか。送られてきた野菜は、1つひとつ丁寧に包装して保存している。群馬産「茹でたてアスパラ」（500円）と「かぶ」（300円）、埼玉産「パリパリキャベツ」（300円）、高知産「冷えひえトマト」（300円）、京都産「甘長唐辛子」（500円）。

本場九州の焼酎に負けない、旨味の凝縮した素材を各地から

寄せた近海物の魚。天日塩を使って丁寧に仕上げられ、いずれも身が厚く大きさも立派。炭火で炙ると香ばしく、ほくほくとした海の味が楽しめる。野菜は高知産のオクラ、埼玉産のキャベツ、京都産の甘長唐辛子など。70種ほどあるメニューのほとんどが500円前後という安さだ。

これらのこだわり素材は、目の前の炭火でお客さまに自分好みに炙ってもらうが、干物は焼きすぎないようアドバイスも。仲間で炭台つきテーブルを囲むもよし、1人客にも専用の七輪が出されるので、焼き上がるのを待つ間の楽しさも味わえる。

ところで素材そのものが勝負となるこうしたお店では、いかに良質のものをそろえることができるかで評価は分かれる。一般に小口の仕入れ取り引きでは時間も手間もかかるが、それを惜しまないことが大切だ。

星川さんの場合は以前の会社に在職中から時間を見つけては全国各地を飛び回り、自分の舌にかなう野菜

お店づくりのワザを学べ！

仕入れの方法は？

仕入れ先はインターネットで調べたり、知り合いから紹介してもらったり、お客さまから情報をいただいたりして絞り込んでいった。「これは！」と思ったところがあれば、必ず現地に足を伸ばし自分の舌でチェック。気にいったもののみ仕入れ交渉に。ときには生産者と酒を飲みながら、食材に対する熱い思いを語り合うこともあったという。

「遠くから来た見知らぬ人間が、いきなり『契約してください』といってもなかなか難しいもの。まず自分の熱意を伝えることが大切です」と星川さん。

改装工期とコストの抑え方は？

星川さんはもともと飲食店を立ち上げる仕事に携わってきたため、事前に準備できることはなるべく早めに行ったという。とくに各種届け出や仕入れ契約、材料集めなどはオープン直前になってからあわてないよう、余裕をもって計画することが大切だ。

また内装のほとんどは手づくりし、業者に頼んだのはテーブルと2つのカウンターくらい。物件がラーメン店の居抜きだったこともあり、入り口近くのカウンターは表面を削っただけで時間もかからなかったという。

こうした工夫もあり、内装工事からオープンまでわずか1週間という短い期間で完成させることができた。厨房施設については、物件によって状態が異なるので、契約までにくわしく調べておくこと。

接客で心がけていることは？

気軽にワイワイ楽しめるお店にしたいと、気さくで明るいスタッフを集めている。

しかし、ただお客さまを楽しませるだけでなく、食事やお酒を出すタイミングを計ったり、お客さまと心地よい距離感を保つなどの接客術は徹底している。なお、サービスの質を保つために、スタッフはアルバイトではなく全員社員として雇用している。

【開業資金の内訳】

店舗取得費	2,300,000円
内装工事費	700,000円
備品、什器費	100,000円
運転資金	900,000円
合計	4,000,000円

お店で使う器は、ほとんどが自作したもの。栃木県の益子にお客さまといっしょに出かけ、製作したものを常備。自分だけのグラスで飲めると好評だ。

HISTORY

オープンまでの歩み

1997年4月
株式会社グローバルダイニングに入社。新規店舗の立ち上げや店長として飲食店経営に携わる。

2002年7月
株式会社フードスコープ入社。オイスターバー、和食店の新規立ち上げなどに携わる。このころから物件探しをはじめる。

2004年5月
物件決定。

2004年6月
会社を辞める。

2004年7月
物件の正式契約。工事開始。1週間後にオープン。

i l l u s t r a t e d

【図解でわかる人気のヒミツ】

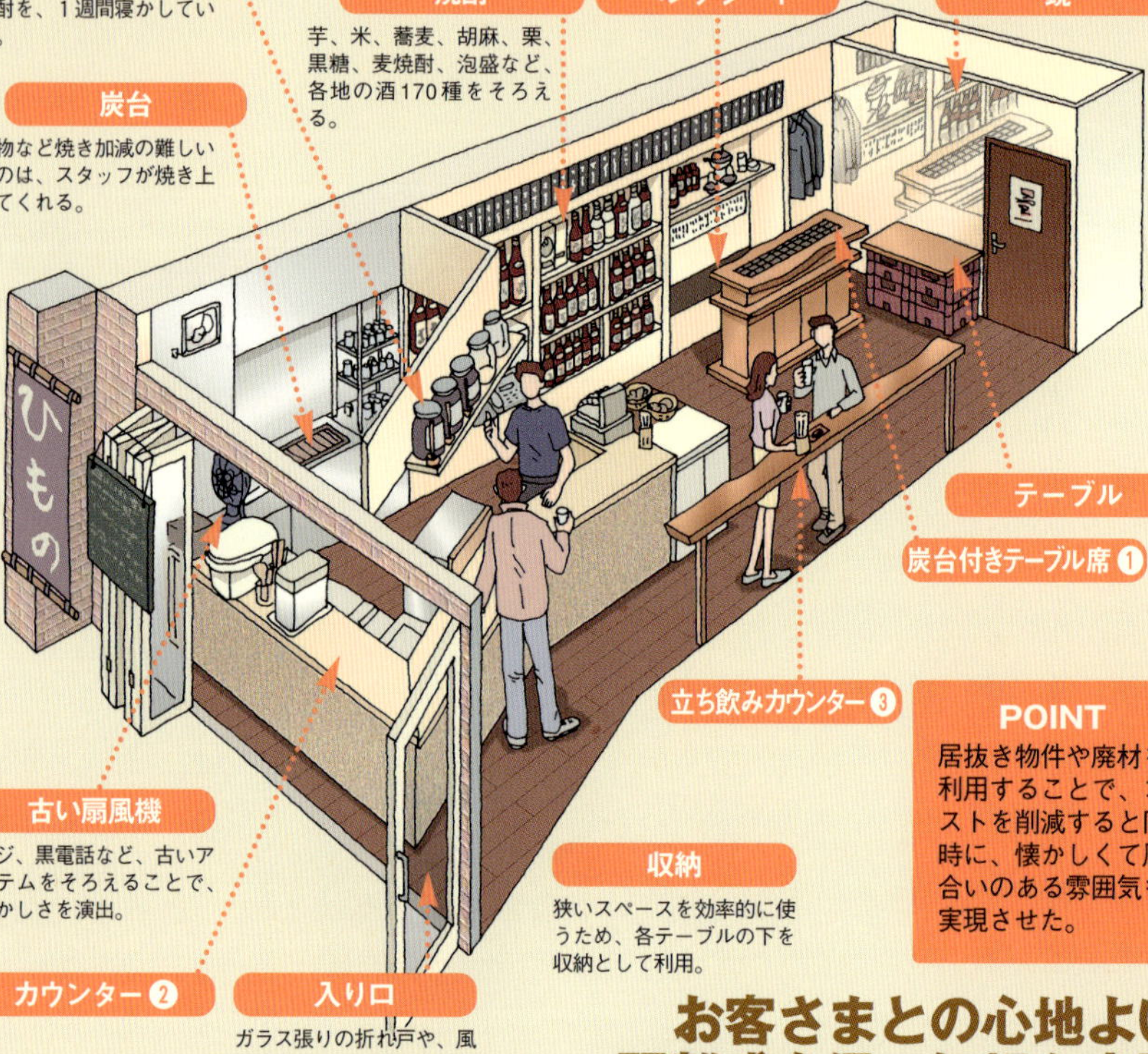
甕入り焼酎
温泉水「寿鶴」で割った芋焼酎を、1週間寝かしている。
炭台
干物など焼き加減の難しいものは、スタッフが焼き上げてくれる。
焼酎
芋、米、蕎麦、胡麻、栗、黒糖、麦焼酎、泡盛など、各地の酒170種をそろえる。
ベンチシート
鏡
ひもの
テーブル
炭台付きテーブル席 ①
立ち飲みカウンター ③
古い扇風機
レジ、黒電話など、古いアイテムをそろえることで、懐かしさを演出。
収納
狭いスペースを効率的に使うため、各テーブルの下を収納として利用。
カウンター ②
入り口
ガラス張りの折れ戸や、風除けのビニール越しに店内の明かりが漏れる。

POINT
居抜き物件や廃材を利用することで、コストを削減すると同時に、懐かしくて風合いのある雰囲気も実現させた。

お客さまとの心地よい距離感を保つ気軽な空間

や魚を探してきた。ときには生産者と酒を酌み交わし、食材に対する彼らの熱い思いに胸打たれることも。そんな土地ならではのものをお客さまに伝えようと、あまり手を加える必要のない炭火焼きというスタイルを選んだ。お店のスタイルよりも、まず素材を生かすための手段でお客さまの心をキャッチしているのだ。

また、酒は「お店の雰囲気に一番しっくりくるから」と焼酎を中心に。「焼酎は本来、ガブ飲みするもの」と流行りのプレミア焼酎はおかず、あまり名は知られていないが、本場九州の銘柄を約170種そろえた。値段は1杯600円均一に、大きめの酒器で出して喜ばれている。

知る人ぞ知る焼酎に珍味。炭火を前に気さくなスタッフとの会話も弾む。立ち飲みというスタイルながら、全国各地のうまいものと出会える意外性もあり、お客さまは次に何を注文するか、お品書きを見るたびに想像力を刺激されるのだ。

owner's choice

2つのスタイルを組み合わせ、より魅力的なお店に

「ほしかわ家」は、いま人気の立ち飲み店と炭火焼き店のいいとこ取りをしたお店だ。

立ち飲みの魅力は、何といっても低価格と手軽さ。スタイルも多様化してきているため、男女問わず若い人から年配者まで、幅広い層に支持される理由になっている。省スペース・低コストでオープンできることに加え、お客さまの回転数の早さが、経営側の魅力として挙げられる。

炭火焼きの魅力といえば、焼き上がるまでの時間や、素材が焼ける匂い、焦げ目など、すべてが五感を楽しませる演出になっていること。なかでも焼肉店などでしか見たことのない若い人には新鮮に映るようだ。幅広い客層から支持を得られるスタイルにより、お客さまの固定化に役立っている。

立ち飲み店は1人客も多いため、居心地のよさが重要になってくる。個別対応を配慮することも接客術の1つだ。

the shop

❶一枚板の中央部を長方形にくり抜いて、長い炭焼き台をしつらえた。大人数で訪れてもよし、はじめて会った人と同じ炭をつつくのも、このお店の楽しみ方だ。

❷厨房前のカウンターは、もともと高い仕切りだった。それをすべてのテーブル、カウンターと同じ110センチの高さに合わせてカット。スタッフとの会話を楽しめるポイントだ。

❸本格芋焼酎「黒甕」は、飲み口がまろやかで後味もすっきり。お湯割りにしてもよく合う。「黒ぢょか」という焼酎を燗する酒器を使って直火で温める。

shop data

炙り処 ほしかわ家

住所／東京都港区西麻布1-14-17伊東ビル1F
TEL／03-3408-6315
営業時間／20:30～翌8:00
定休日／日曜
席数／20名収容
URL／http://www.hoshikawaya.jp/

炙り処 ほしかわ家オーナーからのメッセージ

楽しく飲んでいただくにはおいしいお酒と肴は欠かせません。そのためには、日本全国飛び回り自分で実際に確かめることが重要になってきます。

「接客、スタッフの関係、仕入れ契約など、すべては人と人とのかかわり合い。それを意識することも大切だと思います」

おしゃれなお店のメインは、宮崎焼酎と温かいもてなし

**いっしょに楽しい空間をつくろうと
カウンターを挟んで語られた
熱い夢を具現化したのが、このお店。
オーナーと店長の強い絆が、
おしゃれで、個性的で、温かい
独特な空間を生み出した。**

弦月 GENGETSU

宮崎焼酎カフェ 弦月《げんげつ》

東京都港区

たくさんの若者でにぎわう通りを一本入った、おしゃれで個性的なお店が並ぶ一角。周辺の静かな環境のなか、店内はゆとりある設計がされ、夏場はオープンテラスになるファサードは、女性にも入りやすい開放的な印象を与えている。

オーナーのこだわり

…女性が１人で来ても楽しめるコミュニケーションづくり。

…ビールやカクテル、日本酒などもあるが、焼酎だけは徹底して宮崎産にこだわる。

!!!…窮屈さをみじんも感じさせない、広々とした気持ちのいい空間。

（右上）バックバーに並んだ焼酎は、すべて宮崎産のみ。
（右下）赤い和紙を張った壁が印象的な洗練された店内。
（左上）モノクロの写真ポスターはオーナーによる作品。
（左下）開放的かつ入りやすい印象を与えるファサード。

宮崎産本格焼酎に合う地鶏と霧島豚料理が自慢

東京屈指の繁華街・六本木にあって、7丁目はしゃれた大人のムードをもつ個性的なお店が多いエリア。仕事も遊びも六本木ひと筋数十年という「宮崎焼酎カフェ 弦月」オーナーの戸高康博さんは、「お店を開くならこの通りしかないと決めていました」ときっぱり。

戸高さんと現店長の跡部龍三さんが出会ったのも、ここ六本木のある洋酒バー。雇われバーテンダーだった跡部さんと、常連客の戸高さんは同じ焼酎好きという縁で意気投合し、跡部さんの退職を機に、理想のお店づくりへの夢が動き出す。

跡部さんが店舗物件を探し、戸高さんはカメラマン事務所を営むかたわら、プロのデザイナーや料理人を含む友人知人に呼びかけ、コンセプトの構想から内装デザイン、資金集めまで具体的なお店づくりに奔走。2004年8月、各界のプロが集まり、それぞれの力を結集して「弦月」がオープンした。

「弦月」は戸高さんの出身地である宮崎産本格焼酎にこだわるお店だ。焼酎アドバイザーの資格をもつ跡部店長お勧めの「杜氏潤平」（芋）、「そば黒御幣」などをはじめ120種の宮崎焼酎には、かぼちゃ、栗からつくった変り種の焼酎も。

また、料理メニューは、知人のイタリアンシェフを招いて、素材から盛りつけまで知恵を借りた。現在は料理長・酒田和文さんの手により、日向地鶏、霧島豚を中心に、酒好きならずとも垂涎の料理が並ぶ。

芋焼酎でじっくり煮込んだ「宮崎地鶏手羽先の焼酎煮」「南蛮漬け」「日向地鶏のささみ燻製」や霧島豚は「ほほ肉の味噌漬け焼き」「トントロチャーシュー」など、焼酎と相性のいい料理を用意する。締めの一品として、名物の冷や汁、ごまだれ冷麺もあり、さまざまな味覚を堪能することができる。

（右上）とろける舌触りが絶品の「軽く炙った霧島豚トントロチャーシュー」（1,300円）。料理はすべて焼酎とのバランスを考えた味と食欲をそそる美しい盛りつけが自慢だ。
（右下）キャベツを添えた「宮崎地鶏南蛮」（880円）はタルタルかおろしソースで。宮崎の定番メニューとして味つけも忠実に再現。
（左上）宮崎の名物料理「おび天」（780円）は、焼酎に合わせて甘さを抑えた香ばしい一品。わさび醤油でいただく。
（左下）カウンターの隅に鎮座する、宮崎の天然水で前割りした「御幣」の甕。宮崎焼酎の柔らかい飲み口がさらにやさしくなる。

おしゃれで気さくな雰囲気とともに、こだわりの宮崎産の120種の焼酎と名物料理を

オーナーとスタッフの信頼関係が光るお店

お店の営業面を実質的に取り仕切っている跡部店長は、焼酎の選定からメニューの企画、スタッフ管理、お店の全体的な流れや雰囲気づくりまで、厳しく目を配る。焼酎アドバイザー資格は坂田料理長、ホールスタッフの吉岡さんももち、お客さまの好みに柔軟に対応している。

おしゃれで都会的な雰囲気を大切にしながらも、お客さまとのコミュニケーションにとくに力を入れ、常連客はもちろんフラリと訪れる女性の1人客にも安心して楽しい時間を過ごしてもらおうと気を配る。

「来ていただいたからにはお店のファンになってほしい」（戸高さん）という思いに応えるように、お客さまの輪が広がり、1年くらいかけて常連客になる人が多いという。

再三訪れるファンに好評なのは、「お客さまとスタッフ」という関係を十分わきまえたうえでの気のおけ

お店づくりのワザを学べ！

どうやってお客さまを増やしたの？

本格焼酎ブームの続くなか、豊富な品ぞろえを誇るお店も多い。いわゆる「プレミアム焼酎」を看板に集客に結びつける経営スタイルだ。

そんな風潮にあって、かたくなに「宮崎焼酎」にこだわる「弦月」の戦略。ビールやカクテルなどのお酒もひと通りおいているが、焼酎は徹底して宮崎産のみ。「『魔王』ないですかというお客さまにも、うちは宮崎産だけです、と強気でいっています」とオーナーの戸高さんは笑う。

このコンセプトは焼酎通への訴求力もあるが、もっとも反応があるのは、やはり宮崎出身の人だという。東京在住者がインターネットで調べて来店するのはもちろん、オープン時に宮崎のローカルメディアが取り上げたため、宮崎県下では有名店。上京の折には必ず足を運ぶ「遠距離常連」のお客さまが大勢いる。そのお客さまが友人や家族などを連れてくることもあり、そこで気に入ってもらえれば、さらに顧客の幅は広がりをみせる。

どんなに素敵なお店でも、お客さまに来てもらえなければ何の意味もない。また一度きりの来店では結局お店の繁盛にはつながらない。「宮崎焼酎専門」というコンセプトが最初の吸引力となり、あとはお店の雰囲気や料理で勝負している。

女性客を呼ぶための工夫は？

お店の大きな特徴であるオープンデッキのファサード。気候がいい時期には引き戸も全開してお店全体を開放し、屋外で焼酎を楽しむ様子が道行く人々に強力な宣伝効果を発揮する。

冬場には引き戸を閉めるが、素通しの大きなガラスを張ることで外から店内がうかがえるようにし、はじめての人でも安心して入ることができる。「女性が1人でも安心して楽しめる店」をめざすための気配りだ。

気になるお店だけれど入りづらくて結局素通りしてしまった、というのは誰にでもある経験。店内の雰囲気を壊さずに、新しいお客さまを取り込むこの方法は参考になるはず。

【開業資金の内訳】

店舗取得費	5,200,000円
内外装費	7,520,000円
備品、什器費	4,570,000円
開店時経費	1,500,000円
予備費	2,000,000円
運転資金	3,000,000円
合計	23,790,000円

デッキと引き戸のガラスで店内の様子がよくわかる。若い女性やお客さまを呼ぶにはこんな気配りが大切になる。

HISTORY

オープンまでの歩み

2004年3月
跡部さん、勤務先の洋酒バーを退職。

2004年4月
お店開業を正式決定。

2004年5月
現在店舗がある道路沿いに限定し、物件探しを開始。

2004年6月
物件取得。

2004年6〜8月
内装工事などの開業準備。

2004年8月3日
オープン。

i l l u s t r a t e d

【図解でわかる人気のヒミツ】

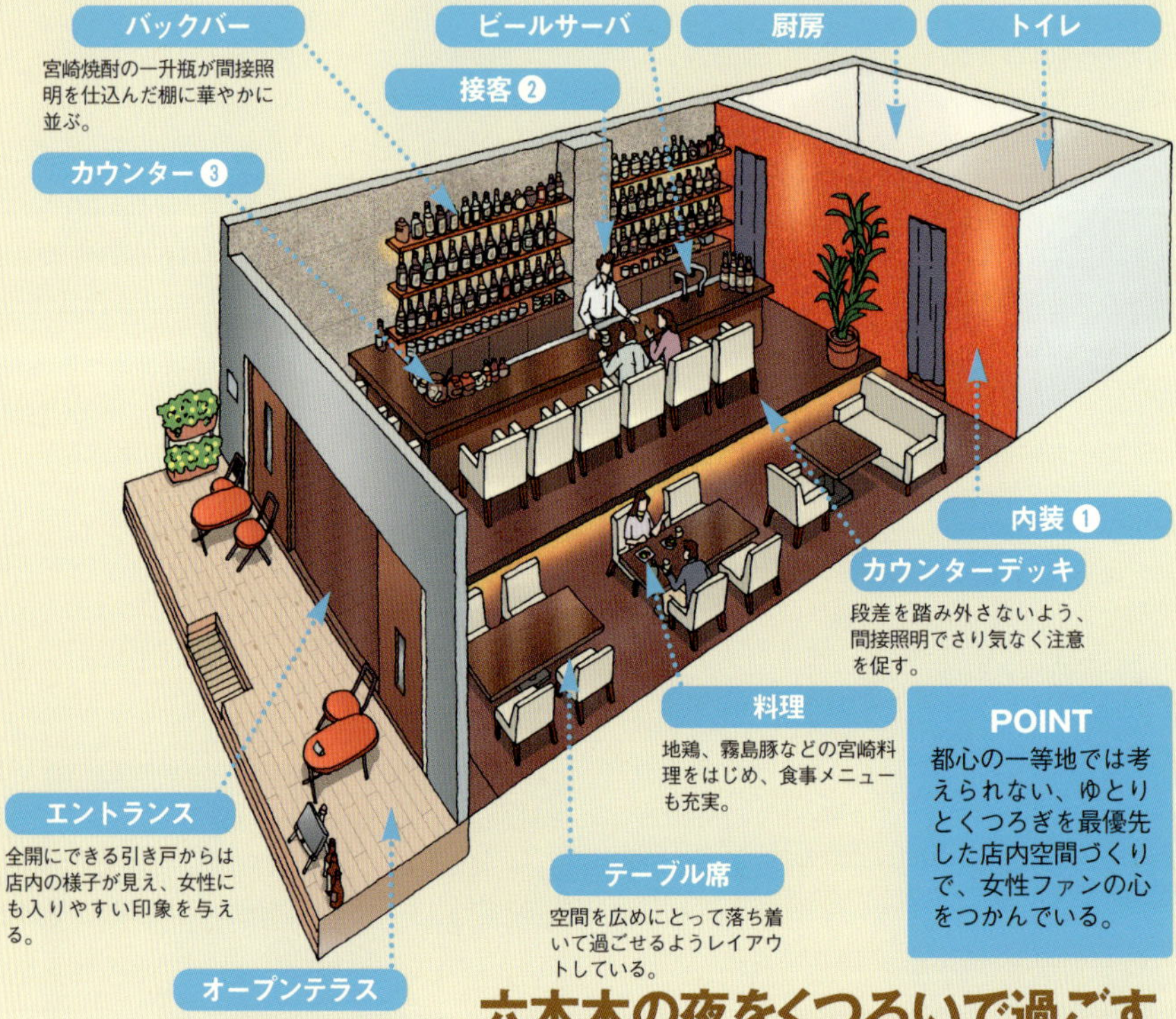
バックバー
宮崎焼酎の一升瓶が間接照明を仕込んだ棚に華やかに並ぶ。
ビールサーバ
厨房
トイレ
接客 2
カウンター 3
内装 1
カウンターデッキ
段差を踏み外さないよう、間接照明でさり気なく注意を促す。
料理
地鶏、霧島豚などの宮崎料理をはじめ、食事メニューも充実。
エントランス
全開にできる引き戸からは店内の様子が見え、女性にも入りやすい印象を与える。
テーブル席
空間を広めにとって落ち着いて過ごせるようレイアウトしている。
オープンテラス
暖かい季節には夜風にあたりながら飲食することができる。

POINT
都心の一等地では考えられない、ゆとりとくつろぎを最優先した店内空間づくりで、女性ファンの心をつかんでいる。

六本木の夜をくつろいで過ごす、ゆとりあふれる洗練された空間

ない会話と人柄、笑顔。こと人材に関してはオーナーの戸高さんをして「彼らがいなかったら店など出さない」といわせるほど、お店のアイデンティティそのものとなっている。

跡部店長が、そのお店の雰囲気づくり、接客、酒器選びまでについて頭においているのは、まず「オーナーがいいと思うか」だという。そんな姿勢に戸高さんは全幅の信頼をおき、経理関連以外はいっさい口を出すことなく任せている。親子ほども年齢差のある2人だが、強い信頼で結ばれたこの絆こそが人気を支える原動力にほかならない。

おしゃれな雰囲気も、ともすれば冷たいよそよそしさとなり、おいしいものも、サービスによっては味を落とすことが珍しくない。

まずお店を運営する人がいい関係を築くこと。それができていれば、お客さまは居心地のいい時間と空間をより楽しむことができる。そして「また来たい!」と思わせるのだ。

owner's choice

贅沢なゆとり空間でリピーターを獲得

「ゆとりのある気持ちのいい空間」をコンセプトとする「弦月」店内は、居酒屋にありがちな窮屈感とは無縁の世界。女性客も多く細かい配慮が必要なことから、スタッフ3人できちんと接客するには、カウンターとテーブルを合わせて20席が限界と考えている。

カウンター席は幅の広いローチェアを採用し、手洗いに立つときも隣席に遠慮せずにすむ余裕。3つあるテーブル席も十分すぎるほど間隔をとり、それぞれが完全に別の空間と感じさせている。

家賃や回転率など費用対効果から見れば、贅沢な空間の使い方ではある。しかし、そんな快適空間だからこそ「お客さまはリピーターになってくれる」と戸高さん。

利益最優先でないなら、こんな豊かな空間づくりもお店の1つのあり方だ。

カウンターとテーブル席、イス同士の間隔が広くとられ、スタッフの仕事もしやすい。イスはすべて購入後に皮を張り替えている。

the shop

❶もとは青果店という店舗は、天井やクロスを剥がしてコンクリートの壁や梁をむき出しに。赤い和紙の壁紙やペンダントライトが独特のしゃれた雰囲気を醸し出す。

❷スタッフとの気のおけない会話が楽しめるのもお店の大きな魅力。1人でやってくる女性客が多いのもうなずける。

❸深夜2時に突然満席になることもあるという。地元六本木で働く人にとっても、貴重な憩いの場となっている。

shop data

宮崎焼酎カフェ 弦月
住所／東京都港区六本木7-8-16 小河原ビル1F
TEL／03-3403-1013
営業時間／月～金 18:30～翌5:00 土曜18:30～24:00
定休日／日曜・祝日
席数／店内20席、デッキ4席
URL／http://r.gnavi.co.jp/a301800/

宮崎焼酎カフェ 弦月オーナーからのメッセージ

居酒屋経営は誰でもはじめられる門戸の広さがあります。でも甘く見てはダメ！ 時流を読み、コンセプトを考え、個性的なお店とは？を追求することが大切。

「多くの人に会え、ときには一生つき合う人と巡り会ったり。客さばき第一のお店にはこんな楽しさはありません」（跡部さん）

終日連夜、女性客でにぎわう！陽気なイタリアンバール

朝はエスプレッソ、昼は自家製パニーノにお好みの具材を挟んで。そして夜は、芳醇なワインの香りと、見た目もきれいなイタリアンの小皿を前に、仲間との会話もはずむ。1日中、好きな時間に好きなものを飲んで、食べて、楽しく過ごせる。それがバールだ。

ラ・フォルナーチェ
東京都渋谷区

オーナーのこだわり

- …お店全体に目が行き届く広さ。中央のカウンターではスタッフとの会話も楽しめる。
- …イタリア名のメニューをコミュニケーションツールとしても活用。
- …パスタ、ピザ以外のイタリア料理。料理はもちろん、パンやデザートまですべて手づくり。

おしゃれな高感度人間たちの集まる街、東京・代官山に2005年9月にオープンしたお店。場所柄、近くのショップ店員などのお客さまが多く、朝は10時30分から終電くらいまでの長時間営業。店主とシェフの2人が、1日中頑張っている。

（右）調理を担当する藤森さんは有名イタリアレストラン出身。小串さんとは職場で知り合い、意気投合した。
（左上）お客さまとの会話を大切にする小串さん。
（左下）「煉瓦製の焼き釜」をモチーフにした内装。

本格レストラン並みの食材と料理へのこだわり

東京・代官山のメインストリート、八幡通りにある小さなビル脇の階段を下りた地階に「ラ・フォルナーチェ」はある。「煉瓦づくりの焼き釜」という店名が示すように、壁一面に煉瓦タイルを張り巡らしているが、あまり暗くならないようにと一部に漆喰を塗ってカバー。本場イタリアのラジオ放送がほぼリアルタイムで流れ、地下にありながらも陽気なイタリアらしさが漂う。

カウンター8席、テーブル6席と、あまり広くないお店には、朝早くから夜遅くまでお客さまの姿が絶えることは滅多にない。その間、店主の小串貴昌さんとシェフの藤森賢吾さんの2人だけでバリエーションに富んだオーダーに応えている。

朝はエスプレッソやカプチーノ、ハーブティー。昼はパンも具材も選べるパニーノや焼きリゾットのセットに、生チョコレートのムース、オレンジの入った濃厚なプリンなどのデザート。そして、夜はもちろん約80種あるワインや生ビール、アペロールやグラッパといったイタリアでポピュラーな酒類に、40～50種ある小皿料理の数々。たとえば、定番の生ハムとサラミの盛り合わせ、イタリア風カナッペなどをはじめ、ツマミにぴったりの「背黒イワシのマリネ」「タコと豚トロのあぶり焼き」など、500円と800円を中心にしたメニュー構成で、女性でもつい何皿も味を試してみたくなる。

新鮮な旬野菜は長野県茅野市の八ヶ岳周辺の農家から取り寄せ、魚介は築地市場に小串さん自らが出向くほか、イベリコ豚やウズラなどは輸入卸業者から仕入れている。料理はもちろん、パニーノ用の3種類のパンやデザートまですべて手づくり。今後はさらにシーズンごとにメニューを入れ替えていく予定という。

「お客さまがひと口食べて、うまいっ！　と思える料理を出すのがポリ

(右) 上から時計回りに、「ウズラの串焼き」(800円)、「アジとグリーンマスタードのタルタル」(同)、「水なすとグリーントマトのパンチャネーラ」(同)。一品のボリュームを抑えたぶん、手ごろな価格を実現している。

(中央上) 定番「ビアディーナと生ハムとサラミの盛り合わせ」(800円)。

(中央下) 見た目も楽しい「いろいろな旬の野菜の盛り合わせ」(500円)。

(左上) アマレッティ、カントッチなど、イタリアでポピュラーなクッキー類も手づくりし、販売している。

(左下)「タコと豚トロのあぶり焼き」(800円) はワインはもちろん、日本酒にも合いそうな、しっかりした味つけが施されている。

ついつい手が出る絶妙な味つけ! 仲間と取り分け、何皿も楽しみたい

シーです。カフェよりもしっかりした料理を提供し、原価をかけてワンランク上の、ほかのお店とは違う存在にしたかった」と小串さん。

1年足らずで地元の人が集う隠れ家的なお店に

小串さんは高校卒業後、調理師専門学校を経て、イタリア料理店で修業し、途中1年間はイタリア現地でのレストラン勤務も経験している。

「イタリア人のホスピタリティは日本人とはまったく違う。会話によるお客さまとのコミュニケーションを何より大切にしています」

調理師免許を取得しながらも、どのお店でもホール担当として働いたのは、直接お客さまと接しながら自分なりのもてなし術を身につけるため。現在もお客さまに心地よく過ごしてもらえるよう、つねに注意を怠らない。その姿勢は、カウンターで常連客と会話しながらも、奥にいるお客さままで気配りしている様子に

お店づくりのワザを学べ！

イタリアンバールにしたのは？

小串さんはイタリアの料理や雰囲気、そしてとにかくイタリアという国そのものが大好き。自分の好きなものばかりを集めたお店をつくりたかったという。店名は小串さんがイタリアで働いていたお店と同じにしたが、それは地下にあるこの物件から、いかにも「焼き釜」というイメージを抱いたからとのこと。

「もし1階の物件だったら、カフェスタイルにしていたと思います」

開業の準備はどう進めたの？

当初は物件に厨房やトイレすら設置されておらず、配管からすべて内装業者に工事を依頼した。また、厨房設備の配置、店内の壁やつくりつけの棚などは、小串さんと業者が相談しながら理想の形につくり上げていった。

仕入れルートに関しては修業当時からつき合いのあった業者が相談に乗ってくれたため、とくに苦労はなかった。器や備品などは、雑貨を見るのが好きだったこともあり、以前から「お店をはじめたらこれを使おう」と、すでに決めていたもの。

お店をはじめる前も、オープン後にも欠かせないのが情報収集。いまどんなメニューに注目が集まっているのかを知ることは当然だが、その時々の消費トレンドや新しい食材、料理を盛る器、店舗のデザインなどの周辺情報まで、つねにチェックする必要がある。小串さんも、料理や食に関する専門書には目を通すようにし、日々情報収集に努めている。

今後の展開は？

バール以外の業態を検討している。小串さんのモットーは、自分の直感を信じてすぐに行動できるよう、いつでも次のステップを心がけていくこと。「チャンスが来たときに動けないのはもったいない」と、忙しいお店経営と同時に、アンテナを張って新たなる展開に向けて計画を練っている。

「いい物件に巡りあえれば、すぐにでも動き出します！」

【開業資金の内訳】

店舗取得費	2,800,000円
内装費	6,000,000円
備品、什器費	1,500,000円
合計	10,300,000円

カウンターのエンド部（右）、間仕切り用の棚などに料理本をさり気なく飾っている。イタリア料理のお店らしい、こだわりを感じさせている。

HISTORY

オープンまでの歩み

1995年
高校卒業。調理師専門学校に入学。

1997年
専門学校卒業。イタリア料理店に就職。お店をもつことを見据え、食器などをチェックしはじめる。

1999年
勤めていたイタリア料理店のシェフの紹介で、イタリアへ修業に。

2000年
帰国し、以前勤めていたお店のイタリア人シェフが移籍した料理店に就職。

2001年
さらなるスキルアップを求め、別のイタリア料理店に就職。

2005年
5月、物件探しをはじめる。7月、いまの物件を見つけ、契約。

2005年9月
オープン。

illustrated

【図解でわかる人気のヒミツ】

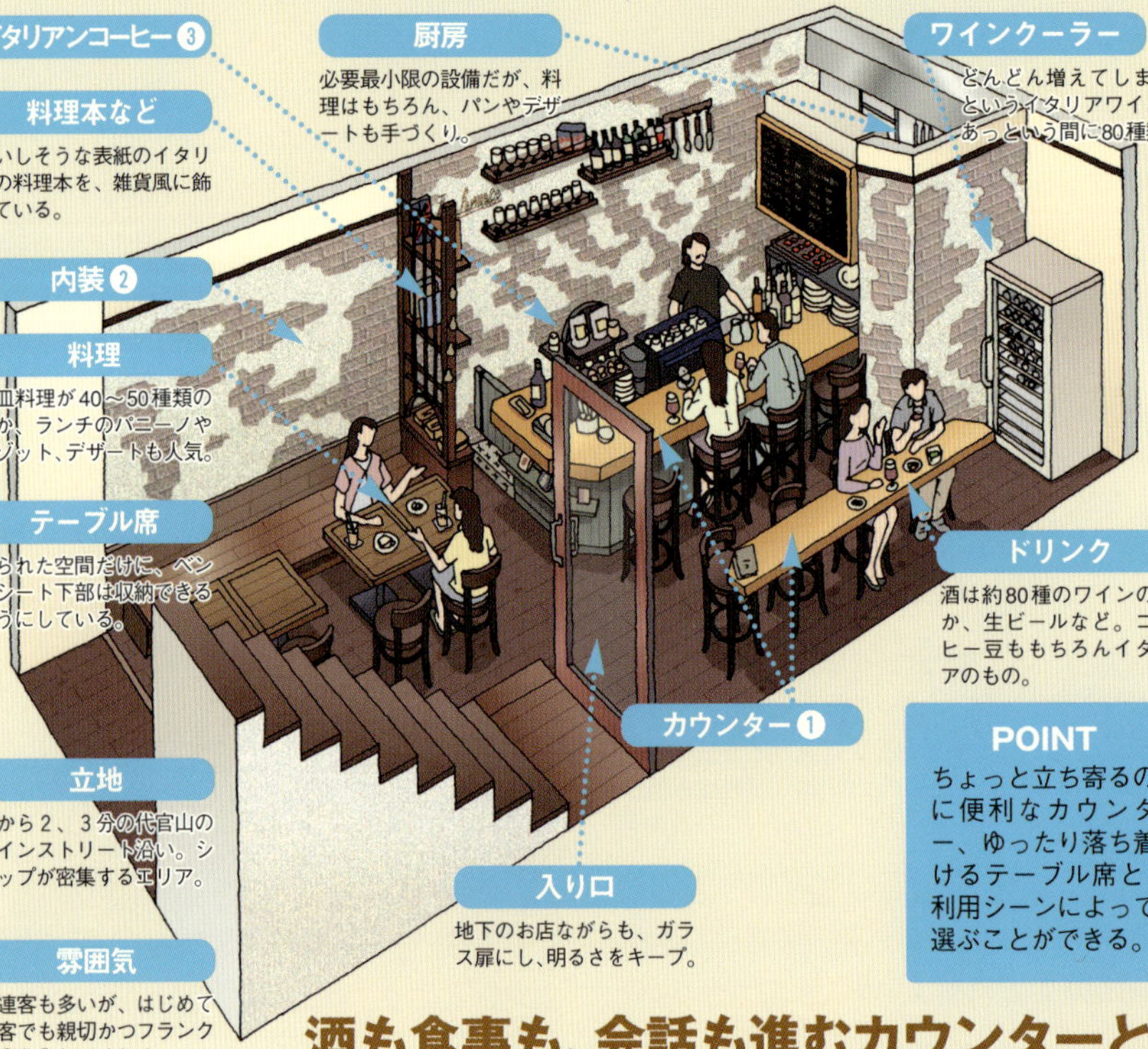
イタリアンコーヒー❸
料理本など
おいしそうな表紙のイタリアの料理本を、雑貨風に飾っている。
内装❷
料理
小皿料理が40～50種類のほか、ランチのパニーノやリゾット、デザートも人気。
テーブル席
限られた空間だけに、ベンチシート下部は収納できるようにしている。
立地
駅から2、3分の代官山のメインストリート沿い。ショップが密集するエリア。
雰囲気
常連客も多いが、はじめての客でも親切かつフランクに迎え入れてくれる。
厨房
必要最小限の設備だが、料理はもちろん、パンやデザートも手づくり。
ワインクーラー
どんどん増えてしまったというイタリアワインは、あっという間に80種類。
ドリンク
酒は約80種のワインのほか、生ビールなど。コーヒー豆ももちろんイタリアのもの。
カウンター❶
入り口
地下のお店ながらも、ガラス扉にし、明るさをキープ。

POINT
ちょっと立ち寄るのに便利なカウンター、ゆったり落ち着けるテーブル席と、利用シーンによって選ぶことができる。

酒も食事も、会話も進むカウンターと、落ち着いて過ごせるテーブル席

うかがうことができる。

バールではオーダーを取るのも重要なコミュニケーション。「ゴルゴンゾーラ」「イベリコ豚」などはともかく、「トリッパ」（牛の胃袋「ハチノス」）「ポルケッタ」（ハーブなどを詰めて丸焼きにした子豚の薄切り肉）など、聞きなれないメニュー名はそのままの表記に。「わからなかったら聞いてくださいと声をかけることもあるし、お客さまから質問されることも。それが会話のきっかけになったりします」。

お客さまはショップ店員をはじめ、近隣住人が多く、閉店時間をすぎて盛り上がっていることも。お店の雰囲気に浸り、お客さまもつい長居してしまうようだ。最近では常連同士が仲良くなり、お店で待ち合わせをする人もいる。オープンから1年しないうちに地元に欠かせない場となりつつあるのは、来店目的がはっきりしていること、そして訪れるたびに違う楽しみを見出せるからだろう。

owner's choice

小さなお店だからこそ 店主の目も行き渡りやすい

スペインバルもイタリアンバールも、本場のイメージを特色とするお店は多いが、あまり大げさなインテリアはすぐに飽きられるもの。さり気なくおかれたものに、そのお店のセンスが表れることが多いが、そこにお客さまもつい目を引かれるのだ。

「ラ・フォルナーチェ」では、イタリアの風景を描いた水彩画や唐辛子を壁に吊るしたりと、細かいディスプレイにこだわりがうかがえる。食器類もすべてイタリア風のものにこだわってそろえるなど、すべてをオーナーの好きなもので固めているからだろう。

お店づくりでは、まずスタッフに心地よい空間をつくることが大切。それにより自然と雰囲気が和らぎ、お客さまにも伝わっていくのだ。

昼間はカフェとして利用できるのはバールの強みだが、そのぶん営業時間は長くなるので体力も必要だ。

the shop

①カウンターは2カ所に設けられているが、やはり小串さんと向き合うほうに陣取りたい。皿がたくさん並べられるうえに、知らないメニューを質問したりするのにもいい。

②店内の壁は総煉瓦にしたかったが、すべてを埋め尽くすと、暗い感じになってしまうため、内装業者と相談のうえ、部分的に漆喰を塗っている。

③店の一角で販売する「オルゾ」は大麦を原料にしたノンカフェインのコーヒー代替飲料。食物繊維を豊富に含み、ダイエット効果も。本場イタリアのバールでも人気だという。

shop data

ラ・フォルナーチェ
住所／東京都渋谷区代官山町14-24　YM代官山B1F
TEL／03-3463-9106
営業時間／10:30～23:00ごろ（電話で要確認）
定休日／水曜
席数／14席
URL／なし

ラ・フォルナーチェ オーナーからのメッセージ

食材や調味料も厳選し、手間ひまかけて提供しています。カジュアルなバールだからといって、手抜きはしません。

「代官山は近くの人が利用するお店が多い。この立地にしたのは、ピーク時以外でも集客が見込めることも理由の1つ」

カジュアル＆アートな空間で本格テイストの創作料理を!

いまにも動きそうなオブジェ、
鉄板のテーブルや趣ある灯りなど、
異質なものが巧みにバランスを取る。
しかもその味は、和の料理人が
名店で修業を積んだ賜物。
数々の変わり焼酎、梅酒とともに
セオリーにとらわれない新しい居酒屋だ。

酔《よ》壱《い》や
東京都台東区

印象的な看板とオブジェがお客さまを出迎える入り口。そして店内に一歩足を踏み入れると、思わずわくわくするようなアーティスティックで独創的な空間が広がる。若者向けと思われがちだが、供される創作和食の味の確かさから、女性をはじめ熟年層のファンも多い。

オーナーのこだわり

…アーティスト作品やオブジェを配し、デザイン性を重視した店舗。

…ランチメニューは讃岐うどんのみとし、専門店として本格的なものを出す。

…季節感や旬の食材を取り入れるなど、カジュアルでいながら本格的な創作和食を提供。

（右）照明を仕込んだコンクリートブロックの間仕切りが、強いインパクトを与える1階。ブロックの間には、店主と親しい作家ものの益子焼をおいている。
（中央上）地階奥にある広い座敷は、ゆったりとした宴会スペースとして人気。
（中央下）印象に残る個性的なファサード。
（左）オーナーシェフの奥嶋さんは16歳で和食の世界に入り、複数の有名店での修業を経て技を磨いたプロの料理人だ。

お店の雰囲気に合った技が冴える創作料理

駅前通りを1本入った静かな通りにあって、店頭の大きな看板と鉄のオブジェが異彩を放つ「酔壱や」。店内はアートな雰囲気に満ち、そこここに間接照明が輝く、幻想的でしゃれたデザイン空間が広がる。

オブジェや陶器、書はすべてオーナーの奥嶋洋一さんと親しい造形作家の手になるもの。「これらを飾って似合う、アトリエみたいなお店にしたい」と思ったという。

奥嶋さんは16歳で和食の道に入り、1年間のオーストラリア修業も含め、いくつものお店を渡り歩いてその腕を磨いてきた。この空間で味わうのだからと独自なテイストを加えた創作料理を看板にしている。

一見、カジュアルで若者向けのお店に映るが、その料理は舌の肥えたお客さまをもうならせる質の高さだ。それでもいまひとつ人気が出ない料理は迷わず改良したり、ときにはメニューから外すのもいとわない。価格も普通の居酒屋レベルだ。

たとえば「海老のプリプリ揚げ明太マヨネーズソース」（780円）、「牛タンの超柔らか煮」（同）、「カリカリじゃことキャベツのさっぱりゆず風味」（480円）などの単品メニューや、季節の野菜や魚介を使ったコース料理（8品、2500円）、40種のドリンクが3時間飲み放題になるコース（2000円）などもあり、大人数のお客さまを飽きさせない工夫も。

「料理の完成度で妥協はしません。まとめてつくるなど手を抜かず、歯ごたえや香りを保って100％のものを出す。これを毎日行うのが一番大事だと思っています」

すべてのお客さまに楽しんでもらえるものを

焼酎は芋や米などの本格焼酎はもちろん、ジャスミンや昆布、牛乳焼酎や、梅酒は黒糖、にごり、赤じそ

（右）取材したのは3月下旬。菜の花、新じゃがいも、タケノコと春ならではの旬の味わいを散りばめた「春野菜のサラダ ツナのあんかけ」（720円）は、お勧めメニューの1つ。
（中）「自家製の甘エビ塩辛」（500円）は、いやがうえにも酒が進む。
（左上）じっくりと煮込んだ「鹿児島産黒豚の角煮」はとろけるようななかに深い滋味が。
（左中）四国出身の奥嶋さんのこだわりで、昼は讃岐うどん専門店となる。写真の「ぶっかけうどん」（580円）のほか、ざる・かけ・カレー・肉とランチメニューはうどんのみ。
（左下）ずらりと並んだ変わり焼酎は、ジャスミンや昆布、牛乳など珍しいものも。もちろん芋、米、胡麻など定番焼酎もそろえている。

こだわりの器に盛られる旬の味覚と季節感。妥協なき味わいに熟年ファンも急増中

など宴会で試したくなるようなものもおいている。本格的な創作料理を提供するには、梅酒では甘すぎるのでは？　と問いたくなるところだが、こうした酒をおくのは、じつは奥嶋さん流のサービス精神のなせるワザでもある。

「せっかく飲みに来たのに、会話に困っているお客さまがけっこういます。そんなときの話の種にもなるし、盛り上がるかな？　と思って」

アドバイスを求められればソーダ割りなどをお勧めするが、基本はお客さまにお任せしている。

仕事の疲れを癒す、親しい人と過ごす、お酒や料理を味わう――さまざまな理由で人は居酒屋にやってくる。なかには日々の憂さを忘れにやってくるお客さまもいるだろう。

しかし、つねにいいものを出していくことで、純粋に料理とお酒を楽しみに来てくれるお客さまは増えていくというのが奥嶋さんの持論だ。

お店づくりのワザを学べ！

立地のいい物件を探すには？

駅から徒歩1分で、しかも1階。その立地は店舗経営をめざす人にとって魅力の大きい条件だ。いい物件を取得するには通常、ある種の運命的な出会いも必要になるが、奥嶋さんは「しらみつぶし」的な方法で現在の店舗を見つけた。訪れた不動産屋の数だけでじつに100軒以上。自宅のあった東京都葛飾区から、都心に向けて都内各駅をくまなくあたったという。

ただし、料理人として働きながらの物件探しだけに、仕事はおろそかにできない。毎朝7時に家を出て目当ての駅で降り、不動産屋の張り紙で物件をチェック。よさそうな物件があればファクスで知らせてくれるよう依頼してから仕事場に。連絡がくれば勤務が終わった夜11時過ぎに現場を見にいった。

可能性を感じたら翌朝、足を運んで人の流れを確認。多くのなかから物件を絞りこみ、さらに再度条件を確認し、その後はじめて内覧したという。

こうした地道で気の長い物件探しは、誰にでもできそうだが、一般に妥協は免れないもの。奥嶋さんの場合は、独立への強い思いと、家族の支えがその力となった。

お店の物件探しは、自分の家を見つけるくらいの決意が必要ともいわれる。経営を続けるには、それだけの愛着も不可欠だ。

経営者としての心構えは？

店主となるからには、物件探し、お店のコンセプト設計、資金計画、店舗デザイン・工事、PR、そして求人に至るまで、はじめてのことがいっせいに振りかかってくる。とくに奥嶋さんのように家族をもつ人にとっては資金面での不安がともなうことが多い。

何千軒、何万軒もの居酒屋のなかから多くのお客さまに選ばれる高い認知度と訪れた人の満足を獲得すること、それが奥嶋さんにとっての「勝利」という。「勝ち続けなければつまらない」という経営者の側面と、厨房では言葉少なく仕事に没頭する料理人。そのどちらにも丁寧さが要求される。何事にも手間を惜しまず、苦労をバネにするくらいの精神力も必要のようだ。

【開業資金の内訳】

店舗取得費	3,000,000円
内外装工事費	8,000,000円
設備費（リース含む）	3,000,000円
合計	14,000,000円

（自己資金3,000,000円＋親族からの借入金1,500,000円＋融資9,500,000円）

光を効果的に使った演出は、店舗デザインのかなめの1つ。

HISTORY

オープンまでの歩み

2001年11月
料理店で働きながら、独立に向け、融資申し込み用の資料作成、物件探しを開始する。

2002年6月
物件契約の成立と同時に退職。開店に向けての作業をはじめる。

2002年7月
融資内定。実際にお金が下りるまで、物件の解体や廃棄物処理など、費用のかからない工事から開始。

2002年8月
融資が下り、本格的な内外装工事をはじめる。

2002年9月10日
オープン。

2003年12月
地下の座敷スペース、04年12月には掘りごたつスペースをオープン。

illustrated

【図解でわかる人気のヒミツ】

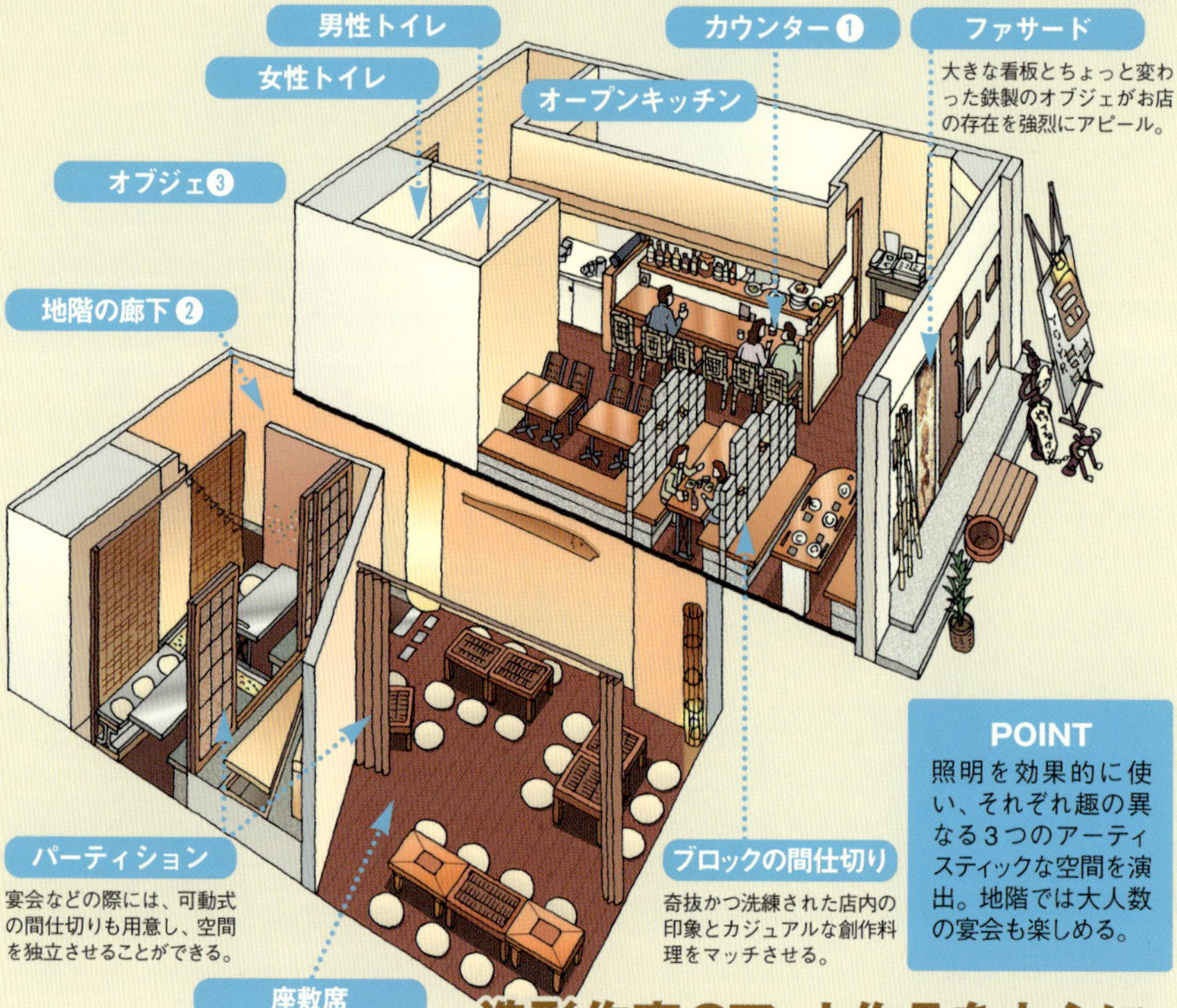
男性トイレ
女性トイレ
カウンター❶
ファサード
大きな看板とちょっと変わった鉄製のオブジェがお店の存在を強烈にアピール。
オープンキッチン
オブジェ❸
地階の廊下❷
パーティション
宴会などの際には、可動式の間仕切りも用意し、空間を独立させることができる。
座敷席
大人数の宴会にも対応できる広々とした空間。席の変更もできる。
ブロックの間仕切り
奇抜かつ洗練された店内の印象とカジュアルな創作料理をマッチさせる。
POINT
照明を効果的に使い、それぞれ趣の異なる3つのアーティスティックな空間を演出。地階では大人数の宴会も楽しめる。

造形作家のアート作品を中心に、独創性に満ちた店舗空間を展開

一料理人から経営者へ 毎日の緊張感が楽しい！

独立の夢をはっきり描きはじめたのは、2人目のお子さんの誕生がきっかけ。修業生活は技術が身につき料理に集中できるが、そのぶん給与は安く抑えられている。そこで考えた末に1人立ちを決意した。「29歳でバクチを打ちました」と奥嶋さん。

料理一筋だった生活が一変。仕入れや宣伝、接客と慣れない経営を夢中でこなし、開業後3カ月は営業が終わると全身にじんましんが出るほど、緊張とストレスの日々だったという。

それでも「すべての責任は自分の手のなかにある。毎日の緊張感が好きで、いまも楽しいです」と語る。

カウンターやテーブル席で仲よく料理をつつくカップルから、地下の座敷の宴会までいつもにぎやか。和食のプロでありながら押しつけがましさを感じさせない、そんな間口の広さも人気の理由の1つだ。

owner's choice

独創的な空間はどうやってつくったの？

本文でも紹介したように、オブジェなどはすべて栃木県益子在住の造形作家・金田茂夫さんによるもの（お店のホームページから金田さんの作品を見ることができる）。

個性的な内装はこれらの作品あってのアイデア。デザインの方向性とともに、本格和食を崩して創作料理を出すことを決めたというから、まさにアート作品がお店のあり方をも決定づけた。

「酔壱や」のもう1つの大きな特徴は間接照明。金田さんの照明作品のほか、壁を穿った部分にきれいな一升瓶を飾って輝かせるなど、シンプルだが光源を上手に使い、時期に応じて取り替えも可能な演出がそこかしこに見られる。工事費が高くならないよう、デザインも工夫されている。

お店を個性豊かな空間に感じさせる数々のオブジェや陶器。オーナーの遊び心は、細かなところにまで表現されている。

the shop

❶カジュアルな内装にもかかわらず、大人が落ち着いた雰囲気で本格創作料理とお酒を楽しめるとあって、平日を狙って訪れる熟年層のファンも多い。

❷地下への階段を下りると、間接照明の美しい廊下が奥の座敷へと導いてくれる。

❸清潔で楽しいトイレ空間。手洗いのシンクを抱えた金田さん作の「鉄人間」が出迎える。

shop data

酔壱や
住所／東京都台東区浅草橋1-28-1　中村ビル1F/B1
TEL／03-3863-7723
営業時間／11:30～14:00、17:00～23:00（日曜は17:00～23:00のみ）
定休日／なし
席数／カウンター6席、1階テーブル24席、地下テーブル15席、座敷席25席
URL／http://yoiya.ifdef.jp/

酔壱やオーナーからのメッセージ

耳を大きく目をよく開き、全身スポンジになっていろんなことをとことん吸収してください。考えすぎてつぶれないようフットワークを軽くして。そして、妥協はしないこと。

「料理だけでなく経理・PR・求人まで何もかもが自分の手のなかにある。背水の陣だけど、その緊張感が好きです」

お客さまはココに注目！

酒や料理を楽しむ場であるとともに、居酒屋でしか味わえない雰囲気が大事。
壁際の小物や季節感など、細かい部分にもメッセージが込められている。

思わず入って＆座ってみたい！

看板や入り口は、訪れる人に「どんなお店かな？」と、期待を抱かせる重要なポイント。テーブルやイスもただ食事をするだけではなく、雰囲気を盛り上げる重要なアイテムの1つなのだ。

うたかた（P030）
遊郭風の真っ赤なのれんはインパクト大。和装美人のトレードマークは、和洋入り交じった大正ロマンを象徴する。

ウサヤ デ タパス（P036）
ミスマッチと思われる古い市場に溶け込んだビストロ。趣のある店舗を自由な感性でアレンジし、注目度が高い。

ラ・フォルナーチェ（P066）
地下にあり店内の様子がわかりにくいため、1階の看板でアピール。イタリアンバールの楽しさが伝わってくる。

酔壱や（P072）
オブジェを大胆に飾るなど、居酒屋とは思えない外観が期待を膨らませる。店主のアート好きがうかがえる。

方舟（P024）
囲炉裏を設置したテーブルと、畳地で覆ったイスは、食する楽しさを五感で感じてほしいという店主のこだわり。

VANILLA BEANS（P042）
不ぞろいのユーズドファニチャーとキャンドルの灯、テーブルによってさまざまな表情が楽しめる。

宮崎焼酎カフェ弦月（P060）
店内はゆとりを十分に取ったレイアウト。テラス席もあり、引き戸を全開にすれば、全体が開放感あふれる空間に。

自然の恵みと向き合って……

居酒屋では季節を舌で感じることができるが、料理を盛る器によっても味わいはより深くなる。そして、小さな花や目立たないあしらいが目を楽しませてくれることも。自然の恵みを愛する心を大切にしたい。

やまだや（P018）
益子焼きの器が多いのは、店主がその風合いを気に入ったため。金魚をかたどった猪口など好きなものを選べる。

ほしかわ家（P054）
店主自ら現地まで赴いて焼いた益子焼き。スタッフと陶芸ツアーに出かけ、マイグラスとしてキープする常連も。

方舟（P024）
店内の随所に飾っている農具や民具は、囲炉裏のある民家をより身近に感じてもらおうという店主の考えから。

方舟（P024）
酒林は、酒蔵がその年の新酒ができたときに吊るすもの。ここが都会であることを忘れさせる、風情のある光景。

やさい酒場（P048）
季節の果実を漬け込んだ自家製果実酒は、常時10種類ほどが並ぶ。これを使った「果実酒サワー」は人気の1品。

うたかた（P030）
すべてのテーブルに小さな花瓶を配し、野の花を生けている。女将のさり気ない、心を込めたおもてなし。

善知鳥（P012）
カウンター客とともに店主も勧められた酒を楽しむ。ここでは誰もが自然の恵みに感謝しつつ酒を飲んでいる。

第2章

人気の居酒屋には、その理由がある!

個性的な居酒屋をつくるために

居酒屋オープンの夢を実現するには、
まず具体的な計画を立てることが大切。
そのためには、お店の進む方向を決める
コンセプトづくりが必要になります。
どんな立地で開業したいのか、
どんな酒や料理を提供するのかなど、
自分なりの工夫で個性を表現しましょう。
街の人気居酒屋も参考になるはずです。

人気の居酒屋にはお客さまを惹きつける「何か」がある

居酒屋といっても、そのスタイルがさまざまあるように、お客さまがお店を選ぶ基準もまた人それぞれ。多くのお客さまが居酒屋に求めているものを知っておくことで、人気店にもなり、独自性のあるお店づくりもできるはずだ。

いかに楽しく過ごせるかが最近の居酒屋ニーズ

かつての居酒屋は、お父さんたちが仕事のうさを晴らしたり、酔っ払いのいるお店というイメージがありました。安い酒と簡単な料理を出すだけで繁盛するお店も珍しくありませんでした。ほかに安く酒を楽しめるところがなかったからです。

しかし、時代とともに消費ニーズが多様化してくると、酒や料理の種類や提供方法、お店の雰囲気など、居酒屋のスタイルもそれに合わせて細分化されてきました。とくに昨今は、酒と料理の味を含め、お店でいかに楽しく過ごせるかということが、人気店になれるかどうかの重要なポイントになってきています。

それに加えてお客さまの舌も肥え、お店の雰囲気や名前で大金を出していたバブルのころと違い、適正価格を見抜く目が養われています。いまや「安い・おいしい」お店は当たり前なのです。

とくに大手FCチェーンの居酒屋では、大量仕入れで価格を抑えたり、資金を投入して内装に凝ったりと、女性客や家族連れなどもターゲットにしてファンを大量に獲得することができるでしょう。

もちろんそうかといって、小さな居酒屋に魅力がないわけではありません。数は少なくても店主が自信をもって集めた酒が飲めるお店。均一なマニュアルでつくられた料理よりも、独自に仕入れた食材を心を込めて出してくれるお店には、それだけの魅力があります。

お金をかければお客さまを呼べるとは限りません。雰囲気や品ぞろえ、スタッフとの会話など、そのお店にしかない「何か」があれば、お客さまの来店目的になります。

大切なのは、どんな居酒屋が喜ばれているのかを知り、自分の居酒屋では何を表現したいのかという点。夢の実現の第一歩は、なぜ居酒屋を開きたいのか再確認することです。

■少ない資金で個性的に！

資金が少ないからといって、あきらめることはない。たとえば「やさい酒場」(48ページ)は、お金をかけずシンプルな内装に。その手づくり感と気軽さが人気を呼んでいる。

また「VANILLA BEANS」(42ページ)のように中古のテーブルやイスなどを使用すれば、いま風のおしゃれなラウンジカフェのようにアレンジすることもできる。

これから居酒屋をはじめようという人は、従来のスタイルに縛られる必要はない。柔軟な発想でお店づくりに取り組もう。

お客さまを呼ぶための6つのヒント＆key word

6つの要素のバランスをどう取るかに、店主の力量が表れる！

立地

key word

競合店が多いエリアに出店
あえて不便な土地を選択

競合店が多いエリアは、すでにニーズがあるわけで相乗効果によって集客が期待できることも。より独自性があればベター。不便な場所でも隠れ家的な雰囲気を出すなど、その場所の特性を生かすことが大切。

提供方法、設備

key word

囲炉裏　炭火焼き　立ち飲み
日本酒のお燗

干物などを炙る楽しみのある囲炉裏や七輪。酒をよりおいしくするお燗や酒器など、ひと手間加えることによって満足感を提供。もう一度試したいと思わせることで、リピーターの獲得が期待できる。

品ぞろえ、価格

key word

希少銘柄　珍味　産直素材
わかりやすいお品書き
付加価値のある料理

レアものや限定品など、付加価値の高い品ぞろえは、お客さまの来店動機を強く刺激する。「ここに行けばこれが味わえる」という目的を与えることで、来店しやすい状況をつくろう。

人

key word

話題豊富な店主
元気なスタッフ
豊富な商品知識

スタッフの人柄も、酒の味を左右する大事な要素。丁寧な言葉使いや質問にしっかり答えてくれるなど、行き届いた接客サービスがあれば、「また来たい」と思わせることができるもの。

内装、レイアウト

key word

カウンター＋小上がり＋テーブル席
カフェ風　照明・オブジェの設置

ちょっと広めのカウンターや、個室感覚のテーブル席などは、お客さまを少し贅沢な気分にさせる。いくら満席になっても、隣同士の肩が触れるようなつくりでは、いい印象を与えられない。

テーマ性

key word

昭和30年代　大正ロマン
イベント開催　無国籍

テーマを明確にすることで、飲食だけでなく雰囲気に浸ったり非日常感覚を味わったりと、さまざまな楽しみ方を提案できる。お店の特徴がはっきりわかるので、一見客でも入りやすい。

酒と食のトレンドも大切なポイントに！

若い女性や家族連れのお客さまも数多い最近の居酒屋。酒だけが目的ではなく、食事といっしょに楽しむという人も増えている。なかにはつき合い程度にしか飲まない人や、食事だけして帰るという人も少なくない。

かつてサラリーマンばかりが目立った居酒屋だが、このようなニーズの変化を敏感にとらえ、生き残るためにスタイルを多様化させてきた。たとえば、アルコールが苦手な人や女性のために、カクテルやサワーなどの飲みやすい酒を用意したり、チャーハンなどのご飯ものや定食メニューを用意したり。スイーツなどのデザートを出すお店も増えている。

外食シーンにおいて、依然居酒屋の人気が高いのは、時代ごとにその役割を自覚し、ニーズに応えてきたからこそ。いまどんな酒が好まれているのか、また食についての消費トレンドなどについても知識を増やそう。くわしくは第3章P102〜103ページを参照。

居酒屋は開業しやすいが生き残るための工夫が必要

居酒屋は素人でもはじめられるお店ではあるが、創業50年を超える老舗から、最近できたお店までライバルは数多い。入れ替わりも激しく、いつの間にか消えてしまうお店も……。居酒屋経営は、いかに長く続けるかという点に難しさがあるのだ。

飲食店の勤務経験がなくてもはじめられる

居酒屋をはじめやすい理由は、いくつかあります。まず、簡単な料理が出せる程度の調理技術があれば、飲食店などでの修業経験がなくてもOK。料理専門店のように凝ったものよりも、おふくろの味や地方の珍味が喜ばれる傾向があります。素材そのもののおいしさを提供することで、十分満足してもらうことが可能です。

また、少ない資金で開業できるのも魅力です。1人でも運営でき、そのぶん人件費が少なくてすみます。それに店舗が小さければ、それだけ物件の契約時の保証金や家賃もあまりかかりません。

小さな居酒屋は、集客力で劣るものの「このお店に行きたい」というお客さまの来店目的を明確にしやすく、立地条件に左右されないこともメリットの1つです。

そして何より居酒屋のニーズが高く、そのぶん成功への扉も開かれているという点。誰にでも参入しやすい状況にあるといえます。

いかに長続きさせるか？ そこに難しさと面白味がある

誰にでも参入しやすい反面、生き残るのは簡単ではありません。酒は家庭でも飲むことができ、居酒屋がなければ困るというものではありません。日常生活では味わえない楽しさを提供できてこそ、わざわざ訪れてもらうだけの意義があります。

お店を長続きさせるには、やはりお客さまの力が欠かせません。本当にお客さまを喜ばす居酒屋は、口コミでどんどん新規顧客を獲得します。小資本で大きな広告を打てない代わりに、人のウワサに乗りやすい面があります。「ちょっと一杯」と思ったお客さまに、「あのお店があったな」と思わせるような個性をもったお店をめざしたいもの。お店づくりは、そこにこそ面白味があるのです。

■小さな居酒屋の魅力
1人で運営する居酒屋の場合、一般に10席余りが無理なく接客できる規模だろう。お店には店主の人柄が色濃く反映されるため、お客さまを選ぶことも少なくないが、それだからこそ訪れたくなる人も多い。
小さなお店ほどはじめやすいというメリットもあるが、続けていくには店主の知識、提供方法、雰囲気などの魅力がともなっていることが条件になる。ファンをつくるのは楽ではない。

居酒屋にはこんな面白さがある！

●自分の舌、目利きで勝負！

お客さまにとって居酒屋は、普通のお店やスーパーにないものを味わえるのが楽しみ。自分がおいしいと感じた酒や肴を提供し、楽しい時間をともに共有できるのが大きな醍醐味。

新しい酒の入荷を楽しみに訪れるお客さまには、サービスで味見してもらってもいい。気に入れば注文してくれたり、口コミでの広がりも期待できる。

●新しい食の提案

たとえば、自分の見つけた食材が「いかにおいしいか」「どうやって手に入れたか」などを会話と料理に込め、人に伝えることができる。仕入れ先で聞いた地方ならではの料理法、オリジナル料理までを提案できる。

●自分の個性が生かせる

ほかの飲食店と違い、居酒屋はある意味「何でもあり」なお店。メニューだけでなく、接客や雰囲気、内装デザインなど、自分だけのお店づくりができる自由さがある。

地方の食材は、なかなか味わう機会のないもの。料理とともに、個人でも入手できる方法や料理の仕方を教えても喜ばれる。簡単な質問に答えてあげるのもポイント。

●パイオニアとしての一歩

信頼できる人材を確保し、経営者に徹すれば事業拡大の道も開かれている。急成長するチェーン居酒屋のなかには、20代の若い経営者も。やる気とアイデアさえあれば、多店舗展開することも夢ではない。

夢はお店づくりに生かしてこそ完成する！

居酒屋をはじめようとする人は、やはり何か夢をもっている。それをかたちにするには憧れだけでなく、お店にどう生かすかが問題。

第1章で紹介した「ほしかわ家」の星川さんは、東京に出てきた仲間たちが気楽に集まるような場所がほしいとオープン。気取らないお店づくりが功を奏し、仲間はもちろん、出店エリアに集まる人々をも魅了し、人気店となっている。「方舟」の原さんは元サラリーマン。飲食店経験はなかったが、実業家としての居酒屋経営に傾注し、当初から多店舗展開を視野に入れている。そのためもあり、店舗間でサービスを均一にできるよう調理技術の不要な囲炉裏料理をウリに。若年層のファンも数多く増やしている。

「多店舗展開を考え、お客さまに食材を焼いてもらうスタイルを選びました」と「方舟」の原さん。

個性が光る、さまざまな居酒屋スタイルを再確認しよう

人気を集める居酒屋には、これまでにないスタイルのお店も多い。それにお店づくりのテーマや接客、独自の品ぞろえの酒・料理など、何か特徴がなくては、はじめてのお客さまにアピールすることは難しい。お店づくりをはじめる前に、まずそれらをチェックしておこう。

居酒屋の経営スタイルが変わってきている

ひと口に居酒屋といっても、その経営スタイルはさまざま。「第二の人生」として居酒屋をはじめる中高年だけでなく、若い人が楽しめるような居酒屋づくりに取り組む、新しい世代の動きが目立っています。

これまで新たに居酒屋をはじめる人といえば、飲食店で修業しながら独立の機会をうかがったり、脱サラして自分の好きな道に進むという人が多く見られました。ところが最近は仲間が集まって共同経営したり、お店の運営母体を会社組織にして準備するなど、かつての居酒屋経営より組織的になってきています。

自分のやりたいお店づくりを基本にしながらも、時代のニーズに合わせた戦略的な計画を立てて開業するというケースが増えているのです。

営業スタイルでは何が人気か知っておこう

経営スタイルとともに、和、洋、エスニック風など、さまざまな営業スタイルのお店があふれるようになっています。立ち飲み屋、スペインバルなど、話題になった居酒屋スタイルには人気になるだけの理由があるはず。お店のつくりが変わっているというだけでお客さまが呼べるわけではありません。

お客さまが居酒屋に求めるのは、どこにでもある酒や料理ではなく、そのお店でしか味わえない雰囲気、そしてサービスです。最近の居酒屋は、目新しい酒や料理を開発するのはもちろん、内装をこだわりあるものにしたり、おしゃれなオブジェを飾ってみたり、といった具合に自由な発想も欠かせなくなっています。

個性が尊重される現代では、いろんなスタイルにチャレンジしやすくなってはいますが、それに合った酒や料理の提供方法、接客の仕方についても、よく知っておくことが肝心です。

■居酒屋以外も参考に

ビルの地下などの物件は目立ちにくいというデメリットを生かし、隠れ家風にすることもできる。逆に広めの路面店ならば、カフェを意識し、カウンターのほかにテラス席を設けるなど、オープンな使い方を提案してもおもしろい。

そこにいるだけで楽しめるような雰囲気づくりは、居酒屋以外のお店も参考になるはず。

「和風居酒屋」は女性客も楽しめるように

中高年がよく利用していた昔の「赤提灯」と、現在の居酒屋が決定的に違うのは、男性だけでなく若い女性も楽しめるような、さまざまな工夫が見られることでしょう。

とくに酒と料理の選択の幅が広がっています。珍しい酒や肴をそろえるだけでなく、女性客を意識したローカロリーな酒、無添加食材などへのニーズが高まっているほか、これまでの居酒屋では出さなかったような洋風メニューも登場しています。

それに加え清潔感、サービスの充実も顕著です。禁煙席を設けたり、女性トイレにはアメニティグッズが当たり前のようにおかれています。

お店のスタイルもいかにリラックスして過ごせるかに重点がおかれています。従来はカウンターに肩を寄せ合って座るお店が一般的でしたが、カフェのようにレイアウトにゆとりをもたせたり、モダンなインテリアを取り入れるなど、専門デザイナーに任せるケースも増えています。

また、あまりお金をかけず、屋台風にして気軽さをウリに、七輪や囲炉裏などで食材を炙って食せるお店も増えてきました。出来上がりまでを目の前で楽しめることもあり、若い世代には目新しいようです。

ところで、居酒屋の店主といえば、ねじり鉢巻に前掛けという印象でしたが、最近はバンダナにTシャツ、ジーパンというスタイルも多くなっています。よりカジュアルな場になっている証しの1つでしょう。

注目！

立ち飲み屋

通常の居酒屋に勝るとも劣らないメニューに注目

もともとは酒屋で買った酒を、その場で飲みはじめたのがきっかけといわれる立ち飲み屋。居酒屋の1スタイルとして確立された現在も、気軽に飲めるという魅力は変わりない。

酒はビールやチューハイ、食べ物は焼き鳥やモツ煮込み中心というお店も根強い人気だが、最近は本格焼酎や特定名称酒（大吟醸、純米酒など）のカップ酒も楽しめるようになっている。さらに豊富なリストからワインを選べたり、女性向けにフルーティな味わいの輸入ビールやライトなカクテルをそろえるところもある。

料理もそれに合わせて多様化。産直の珍しい食材をオリジナル料理に仕立てたり、ワインには肉料理やオードブル、ビールには揚げ物というように、お客さまへの提案も積極的に行うようになってきている。

価格は通常店より低め。物件取得費や人件費、イスやテーブルなどの設備投資にあまりお金がかからないぶん、お客さまの負担を抑えることができる。

利用客は「軽く1杯」という使い方をする人が多く、早く提供できて価格も安いメニューをそろえるお店が多い。最近では全品100円均一というお店も登場。お客さまの注目度は依然高く、目が離せない居酒屋スタイルの1つ。

■ 人気の理由

- 気軽に入ることができる
- 値段が安い
- いろんなタイプのお店がある
- 料理も充実している

「洋風居酒屋」は異国情緒を巧みに表現

欧米で居酒屋のような存在といえばバーやパブですが、日本の居酒屋のように、しっかりと食事ができるメニューは少なく、スナック程度のものが中心。「洋風居酒屋」というスタイルは、日本特有に定着したものです。

最近は和風居酒屋でも、ピザやワインが当たり前のようにメニューに載っています。そんななか人気を集めている洋風居酒屋といえば、世界各国の酒や料理を味わえ、独特な雰囲気に浸ることのできるお店といえます。

なかでも注目を浴びているのがスペインバルです。立ち飲みスタイルに加え、イベリコ豚の生ハムやスペインオムレツ、トルティージャ、パエリヤなど、日本人にも馴染みのある素材や料理が味わえます。

イタリアンバールにも人気が集まっています。パスタやピザ、小皿料理をつまみながら、ちょっと立ち寄ることのできるカジュアルなお店です。

そのほかにも本格フレンチを気軽に食べられるビストロ風居酒屋やフレンチ屋台。無国籍風、創作料理を中心にしたお店なども人気です。

こうしたお店は、海外旅行客が爆発的に増え、現地をくわしく知る人も珍しくない昨今、いかに雰囲気を再現できるかがカギ。さらにいえば、うまく日本人の感覚と融合させてこそ、ファンを獲得できます。

注目！

スペインバル

日本人の味覚に近く
スペインそのものを味わえる

スペインでバルと呼ばれるお店は、バーと食堂をいっしょにしたようなもの。朝はコーヒー、昼はランチ、夜は酒を飲みながら仲間とのコミュニケーションを図る場にもなっている。どこの街角にもあり、誰もが好きな時間に利用する、人々の生活に根ざしたお店だ。

そんな気軽さが日本で知られるようになると、より居酒屋的な要素が強くなった。酒はビールとワイン、シェリー、カクテルなどが中心。それに合わせた料理は、生ハム、牛モツのトマト煮込みなどの小皿料理「タパス」と、串に刺した食材をグリルした料理などの「ピンチョス」が中心。

イワシ、貝、イカ、タコなど、日本人に好まれる素材が多いこと、意外にもスパイスはあまり使われないこと、手でつまみながら気取らずに食べるスタイルなどが大きなポイント。

本場スペインで修業した店主や、ソムリエ、チーズアドバイザーといった資格をもつスタッフがいるお店も多く、スペイン好きならずとも魅力は大きい。

ゆったり落ち着いて楽しめる隠れ家風のお店から、とにかく仲間と飲んで騒げるお店まであり、まさにスペインそのものを味わえるところが人気の理由だ。

■ 人気の理由

- 気軽にスペインを味わえる
- 日本人の舌にあった料理が豊富
- ファッショナブルだが敷居が低い
- 女性だけでも楽しめる空間

東南アジアの料理店も居酒屋風に利用されている

和風、洋風だけでなく、さらにいくつかのスタイルに分けることができます。とくに日本人は中華や韓国料理店などを居酒屋のように利用することが少なくありませんが、一部のリピーター客を除いて、目新しさに欠けるかもしれません。

そこで人気なのはエスニック料理店。エスニックとは本来「民族的」という意味ですが、スパイシーな料理、とくに東南アジア産の酒と料理を出すお店のことをいいます。

とくに人気なのはタイ、インド、ベトナム、また中東各国など。現地に在住したことのある日本人が経営し、現地の人をスタッフとして雇う場合や、その国の人がお店を開くことも珍しくありません。辛さは日本人の味覚にも合うように、控えめにしているお店がほとんど。近くてもなかなか行けないこともあり、親近感と同時に異国情緒も味わえます。

ハワイをテーマとしたお店の存在も欠かせません。とくにココナッツベースのカクテルや、フルーツリキュール、魚料理など、日本人にも好まれるメニューが多く、ハワイ好きな人にはたまらないお店です。

おもな居酒屋スタイル

和

赤提灯	昔ながらの味わい
居酒屋	新・旧で変化あり
おでん屋	モダンなデザインも
焼き鳥屋	地鶏にこだわり
モツ焼き屋	新鮮素材がウリ
立ち飲み屋	メニュー充実

※沖縄料理店、鉄板焼き屋、焼肉屋など

洋

ダイニング系	個室なども完備
カフェ系	個性的なインテリア
ワインバー	料理との相性で人気
スペインバル	雰囲気、日本人好み

※エスニック料理店、中華・韓国料理店など

FC

大手ＦＣ店	何でもそろう安心感
串揚げ屋	旬の素材を提供
ダイニング系	豊富なメニュー

※＝居酒屋的な利用もされるお店

注目！ フランチャイズチェーン

バラエティに富んだメニューを提供でき経営にも専念できる

自分でお店を立ち上げる資金が不足していたり、経営の安定を図りたいという場合などには、FCに加盟するのも手。数多くのお店で培われた経営実務や人材育成から接客対応、調理法、クレンリネスまで、細かいノウハウを体得できる。

自分だけの居酒屋をつくりたい人には向かないが、個人レベルでは難しい綿密な市場リサーチや立地調査、収支計画など、多岐にわたる事前準備もあり、ある程度安心して任すことができるだろう。

酒は定番のビールやサワー、ワイン、カクテル、地酒や本格焼酎まで豊富。料理も、酒の肴はもちろん、ヘルシー志向のメニューも。ピザやピラフ、お好み焼きなどの食事系メニューや食後のデザートまでそろう。女性や家族連れ、酒が飲めない人でも気軽に立ち寄れるのが人気の理由だ。

独自に酒や食材の仕入れはできないものの、本部から定期的に配送されるので、経営に徹することができる。ただし、加盟店が本部に支払うロイヤリティーは、売上額によって一定割合を支払う場合や定額方式など、FCによって違うので注意が必要だ。

お客さまにとっては、名前を知っていることの安心感があり、何でもそろっているので、ファミリーレストラン的な使い方ができるのも魅力。

■ 人気の理由

- メニューが豊富
- 大手であることの安心感
- 酒が飲めなくても楽しめる
- どこの店舗でも同じ味が楽しめる

「自分らしい居酒屋」には何が必要か考えよう

ほかにはないお店をつくるには、従来の居酒屋に欠かせない要素と、自分自身の長所短所を知ることが大事になってくる。そのうえで本当に自分らしさを表現することが可能になる。いまの自分に足りない部分は何かを確かめ、お店づくりに生かそう。

自分らしさをどこで表現するか考えよう

居酒屋をはじめるからには、「どこにでもある面白味のないお店では満足できない」という人は多いでしょう。あえて居酒屋らしくない店舗デザインにしたり、テーマ性との相乗効果で引き立つような料理を出したり。そんな意外性は、お客さまに楽しさを感じてもらえます。

万人受けするメニューを出し、宴会もできる居酒屋となるとそれなりの準備期間や資金、人脈が必要ですが、個性をウリにするお店ならそれらが不足していても、人気を得るのは不可能ではありません。そこでまず考えるべきは、自分らしさを表現することです。自分らしさは、調理の技術、デザインのセンス、足を使って食材を仕入れる行動力など、さまざまな表現方法があるでしょう。

不得意分野があれば人の手を借りてみよう

居酒屋に個性を表現するには、どんな要素が必要なのか考えてみましょう。次ページに一般的な要素を挙げましたが、すべてが必要なわけではありません。すでに身についているところを重点的に強化したり、欠けているところを補ったりしながら、お店づくりに生かせばいいのです。

たとえば、居酒屋では調理の経験が浅くても、食材次第で「安い・おいしい」ものを出すことができますが、それでは当たり前。もし本格的な料理の経験があるなら、味で他店と差別化が図れるかもしれません。実際にイタリア料理店のシェフなどを経て、居酒屋経営に乗り出す人は増えています。また、プロとしての経験がなくても、知り合いの経験者をスタッフとして迎えたり、独自の調理法をマスターするのも手です。

得意なことをお店づくりに生かしても、それが自己満足に陥ってしまってはいけません。ときには第三者の力も必要になるのです。

■人気店の長所短所に学ぶ

いま何がウケているのかを知るには、まず人気店を訪れてみること。ただし、自店にその長所を取り入れるのは悪くはないが、同じようなスタイルなら、どこかに新鮮味がほしい。

人気店とはいえど、どこかに短所があるもの。長所をそのまままマネするのではなく、よく観察して自分なりのアレンジを加えることも大切だ。

個性を表現するためのポイントをチェック！

以下のポイントで自分に欠けているものが何かを把握しよう。すべてを備えている必要はないが、弱点を克服することで、より多くの人から愛されるお店になるはず。

たくさんの居酒屋に行ったことがある？

- □ いま人気のお店に行ったことがある（立ち飲み屋、スペインバル、ワインバーなど）
- □ 好きなお店だけでなく、あらゆるスタイルのお店に行ったことがある（老舗の居酒屋、無国籍カフェ風など）
- □ いろんな立地条件のお店に行ったことがある（繁華街、郊外、地方など）
- □ 曜日、時間帯別に行ったことがある

お勧めのものを魅力的に提供できる？

- □ おいしい味わい方を説明できる（冷や燗、ロック、水割りなど適した飲み方）
- □ おいしく味わってもらうための道具、器についての知識がある（陶器、ガラス器の知識など）
- □ 自分でも口にし、具体的な説明ができる（ほかの商品との違いなど）
- □ その酒と相性のいい料理を提案できる（淡白な日本酒と濃い目の珍味など）

調理技術がある？

- □ 専門学校、飲食店などでの修業経験がある（自分でやりたい居酒屋に生かせるかなど）
- □ 調理技術をもつ知り合いがいる（協力してくれるか、経営に参加してくれるかなど）
- □ 誰にも負けない得意料理がある（お店などでの経験はないが自信がある）

酒、食材について十分な知識がある？

- □ 酒や食材の基本知識がある（旬、製造方法、生産方法、産地、銘柄など）
- □ 商品価値についてのくわしい知識がある（味、香りの特徴、産地など）
- □ 人気の酒や飲み方を知っている（本格焼酎、カップ酒、梅酒、酒の燗付け方法など）
- □ 人気の食材や調理法を知っている（有機野菜、産直食材、地方の珍味など）
- □ 人気がある理由を説明できる（健康志向、無添加といった食のトレンドなど）
- □ プレミアムがつく理由を説明できる（味、価格、希少性、製造方法など）
- □ 地方の酒、食材をその地で味わったことがある（地方ならではの味わい方、おいしい店など）
- □ 好きな酒だけでなく、さまざまな種類のものを飲んだことがある

経営センスはある？

- □ ものごとを進める際の計画性がある（売り上げアップのための工夫、収支計画など）
- □ ムダを出さないだけのコスト意識がある（省コスト対策、ロス削減など）
- □ 整理整頓、掃除が苦ではない（クレンリネスの徹底など）
- □ お金の細かい計算ができる（資金計画、予算管理）

「お勧め」と「押しつけ」の違いに注意

第1章で紹介したお店は、それぞれに店主の個性があふれている。それは一歩お店に入っただけでも、空気として感じ取れるくらいだ。とくに根っからの酒好きが集まるような居酒屋には、店主のピンと張り詰めた集中力を意識することもある。

たとえば、「善知鳥」（12ページ）は、落ち着いた昔ながらの大人の居酒屋。地方でしか手に入らない酒やつまみをそろえるだけでなく、酒は在庫数を制限し、1本1本の味を時間ごとにチェック。その管理の徹底ぶりは、このお店ならでは。これは、店主の今さん自身の、うまい酒と肴を楽しみたいという強い思いがお店づくりに表れたものだ。

かといって今さんが気難しいかというと、その反対でお客さまと気さくな会話もはずませている。

かつては店主の好みを押しつけるような居酒屋も多かったが、「押しつけ」と「お勧め」は違う。お客さまの自由を尊重できる柔軟さも必要といえるだろう。

人気居酒屋・蔵出しケーススタディ part 1

居酒屋店主には こんな人が向いている

本書に登場する居酒屋店主の「オープンまでの歩み」が
人それぞれ違うことからも、“飲食店での経験さえあれば、
居酒屋で成功できる”とは限らないことがわかる。
自由な発想、夢に向かう動機など、自分にしかない熱い思いが必要だ。

前職 シェフ、ホールスタッフ系

豊富な現場経験を生かし、お客さまの反応を見ながらより理想に近づこう！

「ウサヤ デ タパス」(P036)
吉川倫平さん
前職●フランス料理シェフ
動機●出資者に出店を勧められて

国内の有名店をはじめ、フランスでも修業経験のある吉川さん。当初は出資者の勧めもあり、スペインバルとしてオープンしましたが、次第に自分の得意なフレンチを出すように。

本格的な料理をリーズナブルに提供するとともに、普通は専門店でしか出さないような牛の内臓を使った料理もあり、居酒屋としては異色です。器は「リチャード・ジノリ」など、ブランド物をそろえています。

ほかにも自作のオブジェをおいたり、古い建物の味わいと独創性を共存させています。道行く人々も思わず足を止め、興味深く店内をのぞいていくほどです。

ここがポイント！

古い商店にビストロ風のガラス戸を取りつけたり、2階は昭和の雰囲気にしたり、下北沢のような街でこそ実現できるスタイルを追及。料理の味もよりインパクトを増す。

「やまだや」(P018)
山田佳延さん
前職●ホールスタッフ
動機●幼いころからの夢

調理師専門学校を卒業後、フランス料理店の料理人として就職。その後、お店を移りホールスタッフとしての修業も。そのまま料理人としての経験を積んで独立する人も多いのですが、山田さんの夢はお店をもつこと。それには、さまざまな経験が必要だと理解していました。

フレンチ、中華、和食専門店での料理や接客だけでなく、新規店の立ち上げなども経験し、お店をオープン。メニューはスタッフといっしょに考え、食材は自ら仕入れに出かける毎日。自分の得意分野だけでなく、お客さまはどうすれば喜んでくれるかを知っていることが強みです。

ここがポイント！

居酒屋経営とは何かを考え、それに必要なあらゆることを経験。豊富なメニューや店内空間を生かしたレイアウトなど、お客さまの立場になって考える。

前職　その他の飲食業界系

業界の事情に通じ、冷静に分析できる能力が強み。独自のマーケティング力でお客さまを呼ぼう!

もとはOLだった佐々木さんが、フレンチレストランでの修業をはじめたのはオープン2年半前。その後、8カ月間のバー経営をはさみ、現在のお店をオープンさせました。開業後も、焼酎アドバイザーの資格を取得したり、マーケティングや心理学を独学したり。また、経営セミナーに参加するなど、人脈も広げています。

普段はやさしい佐々木さんですが、女性客に安心して過ごしてもらうため、酔っ払いには厳しい目も光らせています。

ここがポイント!

お世話になった人への感謝の思いを大切にしている。また、スタッフとのコミュニケーションを緊密にし、気持ちよく働ける環境に。

「うたかた」(P030)
佐々木千春さん
前職●バー経営
動機●女性が安心できるお店を

飲食店を多店舗展開する会社に勤めていた星川さんにとって、新規店の開業はお手のものでした。いまのお店も工事からオープンまではわずか1週間という短さ。前職のノウハウをフルに活用しての開業でした。

これまでと違ったのは、自分のお店だということ。単なる事業ではなく、自分らしいお店であることが大切でした。何をやりたいかを考えた結果、ふるさとの港町の香りがするアットホームなお店が誕生したのです。

ここがポイント!

開業のプロだけに、前家賃のムダを痛感。物件契約は月の頭にして、1週間の工事でオープンへ。契約月の2週目から利益を出すことができた。

「ほしかわ家」(P054)
星川純さん
前職●外食産業
動機●仲間が集まれる場所を

前職　脱サラ、異業種系

既存の枠にとらわれない自由な発想が期待できるオリジナリティあふれるお店をつくろう!

なるべく少ないリスクで独立したいと考えていた原さん。毎日、現金取引があって客層も幅広い居酒屋が、もっとも不安がないと考え決意しました。囲炉裏で勝負しようと思ったのは次の2つの理由から。

1つは設備投資が大きく競合店が少ないこと。2つめは、多店舗展開したときに店舗間で調理技術に差が出ないようにするため。少ないスタッフで数多いお客さまを相手にする居酒屋では、人材をいかに活用するかについても考えるべきなのです。

ここがポイント!

明確なコンセプトを打ち出したことで、お店の利用目的をお客さまにはっきりと示すことができた。サービスの質を一定に保つため、勉強会や反省会も。

「方舟」(P024)
原誠志さん
前職●鉄道関連会社
動機●個人相手のサービス業を

以前は建築デザインや設計の仕事をしていたという今さん。しかし、お店の内装やインテリアはいたってシンプル。酒好きには簡素な店内は好感がもてますが、本当の理由は日本酒を純粋に楽しめるお店をめざしたからです。

小上がり席もあるものの、お客さまにはカウンターに座ってもらい、好みをうかがいながら最適の酒を出すことに重点をおいています。

ここがポイント!

表面的な部分に引かれてやってくる人を避けるため、店舗デザインはいたってシンプルに。毎日、酒や料理の力を高めることに集中している。

「善知鳥」(P012)
今悟さん
前職●建築デザイン・設計
動機●日本酒を気軽に飲めるお店を

リピーター客を得るには「ビジョン」と「コンセプト」が必要

お店を長く続けるには、少しでも多くのリピーター客を獲得したい。そのためには、何度も訪れたくなる魅力と、お客さまに対して一貫したサービスを提供できること。そして、何よりもそれを見失わないコンセプト設計がもっとも重要になる。

目先のことにとらわれない全体的なビジョンをもとう

居酒屋の利用客は、そのお店の「あれが飲みたい」「これが食べたい」というようなはっきりした来店目的をもっています。

しかし、酒などの嗜好品に対する好み、食への意識、モノの価格などは、つねに変化します。居酒屋をはじめるからには、こうした変化を乗り切れるだけの2つのもの——お店づくりに対する全体的な「ビジョン」と、明確な「コンセプト」が欠かせません。

ビジョンとは、目前の状況だけでなく、中長期的な視点から、どれだけのモノをどれだけ仕入れればメニューとして成り立つのか、また価格はムリなく設定できるのかといった経営上の見通しのこと。その時々の流行や好みによってメニュー内容や価格がころころ変わるようでは、お客さまに信頼されません。

コンセプトは明快で伝えやすいことが大事

コンセプトは、お店づくりに関する基本的な考え方のこと。たとえば、「女性が安心して入れるお店」「ワイワイ楽しめるお店」といった感じのものです。こうしたコンセプトがなく、訪れるたびに味や雰囲気が変わってしまうようでは、せっかくのリピーター客も落ち着くことができません。

コンセプトはお店をはじめるときに必要になるだけではありません。お客さまが来ないとか、売り上げが伸びないとか、何か問題に直面したとき、どう見直せばいいのか、その指針にもなります。たとえば料理の原価を下げて新しい料理を出すにしても、お店の雰囲気やサービスと切り離して考えることはできません。

これらに一貫性がなければ、お店全体の印象はチグハグにならざるを得ないのです。それを避けるためにもコンセプトは重要になってきます。

■コンセプトとは？

直訳すると「概念」という意味。お店経営などで使われる場合は、「全体の骨格となる考え方や発想」といった意味になる。この「骨格」がないと、人も建物も立っていられないように、お店づくりにおいてもコンセプトがなければ、何のお店なのか、どんな雰囲気なのか不明確。

骨組みとなるコンセプトをまずきちんとつくり、さらにメニュー、接客方法などの肉付けをしていくことだ。

コンセプトづくりのためのステップ

STEP ① お店に何を託したいか

大切なのは、人から与えられたものではなく、自分のやりたいことに対する、強い思い入れだ。お店を長く続けるには、その情熱を持続できなければいけない。「これだけは誰にも負けない」ことを探してみよう。

たとえば
- 料理の腕を試したい
- いろんな人に集まってもらいたい
- 接客を通じて、人間的に大きくなりたい
- 店舗数を増やし、実業家として活躍したい

STEP ② 夢をもったその理由

どんなコンセプトにするか悩んでしまったら、お店をはじめたいと思った当初の理由を考えてみること。好きな酒を広めたかった、何か事業をやりたかった、人と接することが好きだったなど、どんな些細な理由でもいい。

たとえば
- 自分が行きたいというお店がなかった
- 先輩オーナーの充実した表情を見て
- 自分の技術、知識、人脈を生かせる
- 夫婦でできる仕事がしたかった

STEP ③ どんなお店にしたいか

たとえば、お店で楽しそうに働く自分を想像してみよう。お客さまと談笑している自分。得意料理をつくっている自分。酒を味見している自分。何ができるのか、何がしたいのかを考えることで、だんだんとお店のイメージも具体的になっていくはず。

たとえば
- 同じ趣味、嗜好の人が語り合える
- 若い女性が１人でも飲める
- 幅広い客層が集まれる
- 本格料理を気軽に食べられる
- 一時的な人気よりも、長く続けられる

STEP ④ 具体的な開業スタイルは？

STEP3でのイメージが具体的になれば、物件の場所や規模、細かいメニューや接客方法、必要な予算など、細かい部分にも想像が及んでいくはずだ。

たとえば
- テーブルと小上がりメインの和風居酒屋
- 地中海ののどかな風景を感じさせるスペインバル
- カウンターを中心に、語り合えるおでん屋台風

コンセプトはあまり難しく考えないこと

個性が必要とはいっても、あまり誰もやらないようなコンセプトでは、受け入れられるかも未知数だ。かえってリスクが大きく、はじめてのお店づくりにはあまり向いていない。スタイルや雰囲気をゼロから生み出すのはなかなか難しいが、ちょっとした違いをアピールするだけで他店との違いを感じさせてもいい。

たとえば価格や品ぞろえ、接客サービスなどを、既存のお店より少し改善するだけでも、お客さまの満足度は違ってくるもの。その際、お客さまの立場になって、よく考えることが大事だ。あまりに個性が強すぎて、お客さまを選んでしまうよりも、さり気ないほうがより多くのお客さまに喜んでもらえるだろう。

実践的アドバイス　part1

居酒屋流

お客さまを増やす魅力的なお店づくり

お客さまの目を引き、お店を訪れてもらうには、
魅力的なお店づくりが必要。その考え方の基となるのがコンセプトだ。
誰にでもわかりやすく、同時に独自性や意外性があり、
お客さまに楽しさ、居心地のよさを提供するお店を参考にしよう。

料理の提供スタイル

コンセプト例

- 旬の素材、地のものを中心に
- 健康志向に合致するもので統一
- 他店では味わえない産直もの
- 食事メニュー、デザートも充実

店主1人だけの居酒屋の場合、お客さまと向かい合いながらカウンター越しに料理をつくることが多い。手元を注目されることもあり、ごまかしの利かない仕事が要求される。

また、広めの居酒屋の厨房スタッフといえども、お客さまとの距離は近い。馴染み客との気のおけない会話なども、居心地よくさせる要素の1つ。

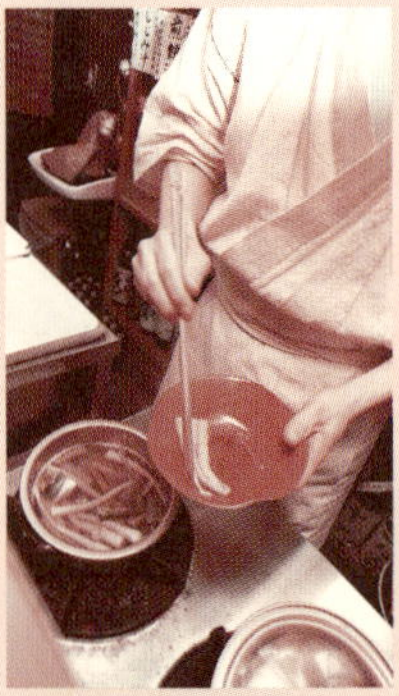

青森地方で食される素朴な料理には、深い味わいがあると評判。自然体のお店ならではの飾りのなさが持ち味。「善知鳥」(P012)

囲炉裏料理が中心とあり、お客さま自身に目の前の炭火で炙っていただく。焼き加減もお好みに合わせて。「方舟」(P024)

料理の種類は多いが、調理機器は最小限に抑えたという厨房。人気のパニーノ用オーブンだけは2台設置。「ラ・フォルナーチェ」(P066)

オープンキッチンのカウンターでは、テキパキと仕事をこなす厨房スタッフの様子が手に取るよう。音や匂いも楽しめる。「やまだや」(P018)

くつろぎの空間づくり

コンセプト例

- **会話しやすいカウンターを中心に**
- **気取りのない立ち飲み空間に**
- **靴を脱いでくつろぎを**
- **落ち着いた雰囲気を演出**

たとえ小さな居酒屋でも、空間の演出次第でお客さまにくつろいでもらうことができる。カウンターをはじめ、テーブル席、小上がりなど、その場所にはどんな過ごし方がふさわしいかイメージしよう。

シンプルかつ清潔な空間にするか、インテリアや照明に凝ったおしゃれなイメージにするかは店主の考え次第だ。

ワインと料理を堪能する人だけでなく、ふらりと立ち寄り、短い時間で席を立つ地元の人も多い。「ラ・フォルナーチェ」（P066）

2人くらいで酒をじっくり飲むのによさそうな小上がり。抑えた照明が空間を表情豊かに見せている。「善知鳥」（P012）

昔からあったような佇まいの立ち飲み屋。エリアにないスタイルで注目を集めている。「ほしかわ家」（P054）

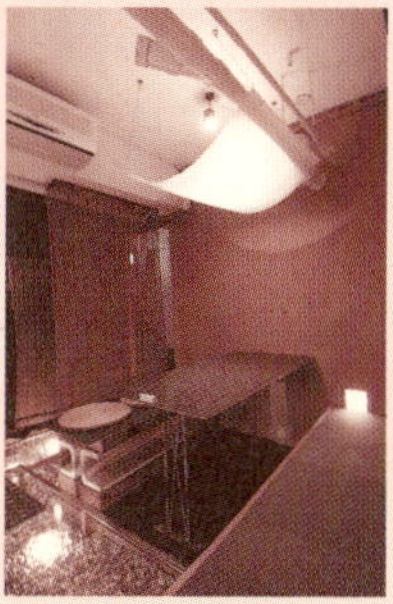

鉄板を活用したテーブル、間接照明など、アーティスティックなまでにこだわりが感じられる。「酔壱や」（P072）

酒のラインナップ

コンセプト例

- **自分の納得した酒だけを少量**
- **バラエティーに富んだ品ぞろえ**
- **料理に合うものを中心に**
- **特定の生産地にこだわる**

酒は収納場所を確保するとともに、在庫管理が大事だが、いかに魅力的に見せるかも意識したいもの。

どんな酒をそろえているのかは、居酒屋好きにとっては最大の関心事の1つ。酒をお客さまの目に触れる場所におくことで、酒の名前やラベルのデザインで選ぶ楽しみも増え、より飲んでみたいと思わせることができる。

北陸地方の地酒を中心に、約120種類の日本酒をそろえる。保冷庫は入り口を入った位置にあり、よく目立つ。「方舟」（P024）

80種のワインを保存する冷蔵庫は、店内のデッドスペースに配置している。「ラ・フォルナーチェ」（P066）

宮崎焼酎にこだわった品ぞろえは120種。カウンター正面にずらりと立ち並ぶ。「宮崎焼酎カフェ 弦月」（P060）

ワインのほか、ポルト酒やシェリー酒もよく出る。厨房前に専用の棚をつくっている。「ウサヤ デ タパス」（P036）

目標を明確に設定し、理解者の人脈を広げよう

お店をもつ夢を実現するだけなら、お金と場所さえあればできる。しかし、やはり自分が納得できるだけの思いのこもったお店にしたい。そのためには夢を見失わないだけの目標を明確にし、理解してくれる人との出会いも大切だ。

夢があればつらいことも苦ではない？

お店をはじめるには、さまざまな準備が必要です。酒や食材の仕入れや、おいしい提供法、出店場所の見極め方など、じつに多岐にわたる準備を経なければいけません。

そして、第1章の店主たちも口をそろえるように、開業後の現実のほうが、準備期間よりもはるかに波乱に満ちています。「お金について考えが甘かった」「自分の技術不足を思い知らされた」という話はたくさんあります。開業後しばらくは給料ゼロだったという声もあります。

彼らがそれでも挫折しなかったのは、はっきりした夢があったからです。自分のお店をもつのが夢だった。新しいスタイルのお店を試したい。居酒屋を地域の特色を生かしたい。居酒屋をステップにいろいろな事業にチャレンジしたいなど、居酒屋だからできることを具体的に描いていたからといえるでしょう。

自分の夢を理解してくれる人脈づくりをしよう

居酒屋は酒と料理を提供するお店ですが、同時に少量生産する蔵元や、有機栽培の野菜づくりに励む農家など一般の消費者との橋渡し役にもなれます。酒と食文化の一端をにない、地方からの情報が集まるとともに、それを広く発信することのできる面白味があります。

そこに共鳴してくれる人がいれば、夢の実現に力強い味方になってくれるはずです。取り引き先の専門業者は豊富な経験と知識をもっています。また、仲のいい居酒屋店主は開業に関する実務的なノウハウの宝庫です。

お店づくりは1人の夢でも、手助けしてくれる人の力は欠かせません。人脈を広げるほど、居酒屋の経営は可能性を大きく広げます。それには準備期間中に目標を明確にし、多くの人の理解を得たいものです。

4つの目標モデル&最初のステップ

自己実現タイプ

- 自分らしさを表現
- 付加価値の追求
- お客さまに元気になってもらう
- 夢を語り合いたい

1st STEP

- 自分の得意なこと、不得手なことを洗い出す
- 知り合いに自分の能力についての意見を聞く
- 同じ夢をもつ仲間と情報交換する

目標設定のポイント

- □ 自分が好きなこと、自分らしさとは何か？
- □ いまの自分に足りないものは何か？
- □ 夢を実現するためにすべきことは何か？

事業拡張タイプ

- よりいいものを安く提供したい
- 同じ夢をもつ人とのネットワークを広げたい
- 独自の居酒屋スタイルを確立したい

1st STEP

- 必要な資金の融資を得るため数多くの人と会う
- 既存の人気居酒屋店主の体験談を聞く
- メーカー、仕入れ先などとの人脈を築く

お店をはじめるのには「自分らしさ」だけでなく、経営センスも必要となる。夢の実現に向かって不十分な点がないか自分自身を振り返ってみよう！

利益追求タイプ

- やがては居酒屋だけでなく、新業態にもチャレンジしたい
- 独立志向のスタッフを支援したい

1st STEP

- 異業種交流会などで、新しいネットワークを開拓
- 開業に際しての力のあるスタッフを探す
- 知識・技術を強化するためにスキルアップを図る

成功法則

- □ 開業計画を立て、準備を万全に進める
- □ 安易に妥協せず、自分らしさを忘れないこと
- □「これだ！」と思うものがあればチャンスを逃がさないこと

地域密着タイプ

- 地域の特色を生かしたい
- 地方から情報発信したい
- まず地域の一番店をめざす
- 地域の役に立ちたい

1st STEP

- 地元の人との交流を深め、開業についての理解を得る
- 地域の産業、歴史などについての教養を深める
- 地元の催しなどに積極的に参加し、存在感を高める

いろんなお店に行ってみよう

人気店には何か理由があるもの。いろいろなお店のお客さまの目線から成功要因を知ることで、自分のお店づくりにも参考になるはず。長所を取り入れ、より魅力的にしていくことができるだろう。

競合店などを視察、調査することを「ストア・コンパリゾン」と呼ぶが、そのチェックポイントは、メニュー、価格、接客、雰囲気を中心に、客層や人数、オーダーしたもの、お客さまの反応までをチェックする。

調査対象は、人気店や自分好みのお店だけでなく、あまり人が入っていないお店などにも行くとよい。お店には気づきにくい短所も欠かせないチェックポイントだ。

また、居酒屋以外の業態も調査すれば、より広い視点のお店づくりが可能だ。出店予定地の商圏を中心に、沿線や近隣エリアで似たような街を調査しよう。できれば、いろんな地域特性のある街を見て回りたい。

COLUMN

お店は「お客さまがつくる」という一面もある

店主自身の知識や技術も大切だが、そこにお客さまの
「力」が加わることで、もっといい居酒屋に成長することも多い。
接客サービスに対する不満はお店を見直すいい機会だ。
お客さまとの何気ない会話からも何か参考になることがあるはず。

クレームは、お店を見直すいい機会と考えよう

接客などに対するクレームは、お店の評判にもかかわることですから、何か問題があるようなら早期に改善することが大事です。

とくに少ない人員で数多くのお客さまを相手にする場合、どうしても手の回らないことが出てきます。しかし、すべてのお客さまがそれを理解してくれるとは限りません。いくつもの注文が重なり、すぐに出せないときなどに怒りだす人や、味つけや接客態度について細かいクレームをつけるお客さまは、どこのお店でも見かけます。

クレームの内容によっては、その場を丸く収めるだけの対応ですませることもあるでしょう。しかし、お客さまからのクレームがあったときは、お店を成長させる貴重な機会と考えたほうが得策です。もしかしたら、お店が気づかなかった問題が、そのまま放置されていることもあります。

たとえば「料理が遅い」といわれた場合、調理手順や提供の仕方、厨房とホールの連携など、原因はどこにあるのか、さまざまな角度から探ってみることが大切になります。

お店をよりよくする方法としては、スタッフそれぞれが意見交換をしながら問題点を見つけるといいでしょう。そして、どのように改善していくのかを対処法としてまとめ、意思統一を図ることです。

お客さまの声に耳を傾けお店に取り入れよう

休日を利用して丹念に食材探しをする店主も少なくありませんが、お客さまからの情報にも耳を傾けてみましょう。「あの店のこれがうまかった」「地元にいい干物屋がある」といった雑談からも、いろいろとヒントになることがあるはずです。テレビや雑誌にあまり取り上げられない生の情報は貴重です。そこから新たな仕入れ先や人脈が広がったりするかもしれません。

また、新しい酒を入荷したり、新メニューができたときには、馴染みのお客さまに味見をお願いしてみること。味つけや香り、ボリューム感、盛りつけ方など、いろいろなお店を知っているお客さまほど、参考になる意見が聞けるはずです。

居酒屋の店主はプロとしての知識や技術は必要になりますが、それにおぼれてしまってはお客さま本位のお店とはいえないでしょう。酒や料理を楽しむのは、あくまでもお客さまです。お客さまが何をお店に求めているのかを敏感に察知し、魅力のあるお店づくりに生かしていきたいものです。

ココを押さえておこう

- クレームは、改善点を見つける貴重な意見
- 短所はお客さまのほうが見つけやすい
- 意見交換しつつ問題解決を図り、その対処法はスタッフで共有する
- お客さまからの生の情報をお店に生かす
- 酒や料理の感想を、お客さまに求める

第3章

最新事情に見る、仕入れ方・物件探しetc.

オープンをめざして準備をはじめよう

頭の中だけでイメージしていても、
実際にやってみると想像と違っていた！
ということはよくあります。
仕入れ先との交渉、立地や物件調査など、
はじめて経験するようなことも、
1つずつ取り組んでいかねばなりません。
ここでの行動力が、お店の方向性に
大きく影響します。

居酒屋
最新事情
01

ビール・日本酒は「個性」と「大人の飲み方」がキーワード

お客さまにとって、そのお店でどんな酒が飲めるのかは、最大の楽しみ。有名な酒を好む人もいれば、料理に合った酒をお任せにする人もいる。店主の酒を見る目は確かか？　新しい酒を知っているかどうか？　知識はもちろんのこと、自分の舌で数多くの酒を体感することが重要だ。

知識だけでなく舌を鍛えて「酒のプロ」になろう

居酒屋店主＝「酒のプロ」。世の中にどんな酒があり、どれが人気なのか。また、料理との相性などなど、じつに幅広い知識が求められます。

少なくとも自分のお店で扱う酒については、お客さまからの質問に即座に答えられる「実力」を身につけたいところ。全国の酒造メーカー、ワイナリー、酒蔵では試飲ができる場合が多いので、足を運んで自分の舌をつねに磨くことも大切です。最近人気の梅酒や発泡日本酒など新たなトレンドについても、日ごろからアンテナを張っておきたいものです。

ビール、日本酒、焼酎が居酒屋の酒の品ぞろえの基本

居酒屋の酒といえば、ビールは欠かせません。日本酒やワイン専門店でもビールだけは必ずおきます。現在、大手メーカーの有名どころだけでも約40銘柄、最近人気の地ビールになると200種あるといわれます。

安心感がある大手銘柄はナショナルブランドともいわれ、もはや国民的な酒の1つですが、どのメーカーをおくのかに店主のこだわりをうかがうこともできます。お店のコンセプト次第では、個性的な輸入ビールを採用するのも1つの手です。

低迷しているといわれる日本酒も、蔵元は全国に約1500～2000、銘柄数は数万にも上ります。昨今はカップ酒が話題となったほか、無濾過の生酒や燗酒など、大人の飲み方にも復権の兆しが見えます。

ブームが堅調な焼酎は、プレミアムやレアものなど本格・希少価値の銘柄に注目が集まり、最近は遊び心のある「変わり焼酎」も人気です。

ワインやウイスキーは、産地を限ったり、ソーダで割ったりといった何か「こだわり」を基本において打ち出すのがミソ。またジンやウォッカ、リキュール類は、カクテルベースとして数種類を用意すればいいでしょう。

■国内メーカーの外国ビール
国内のビールメーカーは、自社製品だけでなく、それぞれいくつかの外国ビールを輸入、販売している。
おもなもので、アサヒビールは「ミラー」「レーベンブロイ」、キリンビールは「バドワイザー」「ハイネケン」、サントリーは「カールスバーグ」、そしてサッポロビールは「ギネス」などがある。

代表的な酒の種類&メニュー構成と提供方法のポイント

酒の種類			ポイント
醸造酒	日本酒	本醸造／吟醸／大吟醸／純米／純米大吟醸	有名銘柄や味に定評のあるプレミアムものを出すか、数少なさやレア度が魅力の地酒をそろえるか。また、最近では気軽なカップ酒や、好みの温度で飲める燗酒など、新たな飲み方の提案に注目が集まっている。
	ビール	下面発酵／上面発酵	飲み慣れている国産ビールの人気はやはり根強い。似通ったものとしてアメリカやドイツのビールがこれに続く。また、比較的馴染みの薄い上面発酵ビールでも、イギリス系の濃いものは人気。
	ワイン	赤ワイン／白ワイン／ロゼ	女性を中心に、スパークリングワインが居酒屋でも人気。オーガニックを前面に打ち出した品種に絞ったり、ワイン向けのつまみをメニューに加えるなど、存在感をアピールする方法も。
蒸留酒	焼酎	甲類／乙類（本格焼酎）	プレミアム焼酎は入手困難だが訴求性はある。しかし、一時の「焼酎といえば芋」「魔王が飲める店」といった決まり文句に流されたころと比較して、鹿児島以外の産地に目を向ける動きも。また、新たな原料を使った変わり焼酎や、海洋深層水を仕込み水に使ったものが出るなど、選び方・楽しみ方も多様化。
	ウイスキー	スコッチ／アイリッシュ／アメリカン／カナディアン／ジャパニーズ	ソーダで割ってレモンスライスなどを添えた爽やかな味わいの「ハイボール」はチューハイ感覚で楽しめるため、居酒屋でも気軽にウイスキーを飲んでもらうことができる。同量のジンジャーエールなどで割った「ハーフロック」はマイルドで食事にも合わせやすく、新しいウイスキーの飲み方として認知されつつある。
	ジン／ウォッカ／ラム／テキーラ		洋風居酒屋ならそれぞれ数種類ずつ、それ以外でもカクテルベース用にいくつかそろえておけば十分だろう。おもに柑橘系や炭酸系などと合わせたカクテルベースとして使われる。
混成酒	リキュール	薬草・香草系／フルーツ系／ナッツ系／クリーム・特殊系	女性客に対するカクテルの訴求性は無視できない。とくに洋風居酒屋では、お店の雰囲気やメニュー構成を考慮して採用するとよい。4つのタイプからそれぞれ2〜3種類ずつはそろえたいもの。

いま注目の酒はこれだ！

カップ酒

気軽な飲みきりサイズで女性にも大人気。専門の居酒屋や販売サイトも増加している。安酒のイメージはなく、純米酒や吟醸酒、キャラクターラベルのものまで多種多様で、それも楽しみ方の1つになっている。

ホッピー

「ホッピービバレッジ」がつくるビール風味の清涼飲料水。ビールの代用品としてこれを焼酎で割って飲むのが、とくに下町エリアでは昔から定番だった。低カロリーでプリン体がゼロなことから、健康的なアルコール飲料としても注目を集めている。

チューハイ

「焼酎ハイボール」の略で、ハイボールとはもともとウイスキーの炭酸割りのこと。最近では焼酎を炭酸水で割り、果汁などで風味づけしたものを指す。焼酎は無味無臭の甲類を使うことがほとんど。サワーと同じ意味で使われることも多い。

居酒屋最新事情 02

食のキーワードは「健康」と「環境への配慮」

居酒屋は、幅広い層のお客さまが料理と酒をいっしょに楽しむところ。ただ単に酒を提供していればいいのではない。1人でも多くのお客さまに来てもらうには、いまどんな消費ニーズがあるのか知っておくことが大切だ。

おいしいだけでなく安心・安全も提供すること

居酒屋には酒だけでなく、料理を楽しみにして訪れるお客さまもたくさんいます。実際に「居食屋」と銘打つお店もあるように、どんな料理を出して「食」を楽しんでもらうかが大切なポイントになります。

とくに昨今は、おいしいことに加え、食の安心・安全性への徹底した管理体制も重要になっています。

たとえば、食品に含まれる添加物には一般消費者も敏感になっています。そのため、有機栽培の野菜や遺伝子組み換えをしていない大豆からつくった醤油、自然塩などは、小さな居酒屋でも普通に使われるようになっています。つまり、おいしいだけでなく、「安全でからだによいもの」でなければ消費者は納得してくれなくなっているのです。

女性客を意識した食のトレンドを押さえよう

さらに最近は若い女性客も多く、健康食材や盛りつけなどに配慮したメニューを提供することが、より多くのお客さまを獲得する常識にもなっています。また、それだけでなく自然志向のカフェやレストランなどで評判となった「マクロビオティック」や「ロハス」をウリにする居酒屋も登場しています。

マクロビオティックとは、玄米や自然栽培の野菜、豆、海草といった食材を中心に、自然のエネルギーをからだに取り入れようとする考え方。

ロハスは、自分の健康だけでなく環境にもやさしいライフスタイルをめざそうとするものです。素材に限らず、化学調味料や動物性由来のオイルを使わないなど、調理方法にもこだわりがあります。

こうした料理をお客さまに提供するには、自分で安全性を確認できる食材を見つけること、またお客さまにも生産者の顔の見えるような食材であることが大切になります。

■ロハス

「Lifestyles of Health And Sustainability」の頭文字をとったもので、「健康（と地球環境）が持続可能なライフスタイル」のこと。2000年、アメリカの社会学者ポール・レイ氏によりロハス志向の人々の存在が確認されたことが最初。

ロハスを志向する人々は、「持続可能な地球環境や経済システムの実現を願い、そのために行動する」「金銭的、物理的な豊かさを志向せず、社会的成功を最優先しない」「人間関係を大切にし、自己実現に力を入れる」などの傾向があるという。

酒を飲むなら「料理にこだわる」人が増えている

鮮魚店直営の居酒屋

他店にマネできない鮮度 見た目のおいしさが魅力

鮮魚店や卸問屋が経営しているお店など。新鮮で上質な魚介類が楽しめる。中間業者を挟まないぶん、価格も安く抑えられる。

魚市場の中や漁港の近く、鮮魚店の隣などにお店を構えることが多い。直営店でなく、漁船や漁師と年間契約を交わし、鮮魚店に劣らない仕入れを実現しているお店もある。

おもなメニュー

刺身各種、握りずし、塩辛、干物、天ぷらなど

屋台でフレンチ

ポイントは意外な美味と オープンな雰囲気

本格的なフランス料理を屋台で楽しめるといった気軽さが人気。とはいえ、きちんと修業した料理人がつくっている場合が多く、味は本格店と遜色ない。

そのうえ店舗の維持費や光熱費などのコストがかからないため、路面店では不可能な低価格で楽しめるのが魅力。

おもなメニュー

季節の魚のマリネ、新鮮野菜のポタージュ、牛ヒレ肉のステーキなど

珍しい缶詰が豊富

珍しいものがいろいろ！ とにかく品ぞろえが勝負

スーパーなどで売っている定番の缶詰から、地方でしか手に入らない珍しいものまで、種類が豊富。調理の手間や時間、光熱費などがかからず、価格を低く設定できる。

缶詰を開け、そのまま皿に盛っただけで300円というお店もあり、知る人ぞ知る人気店となっている。

おもなメニュー

さばの味噌煮、イワシの蒲焼き、ウニの塩漬け、イカの塩辛など

お酒を飲むときは、何か食べながら飲む？

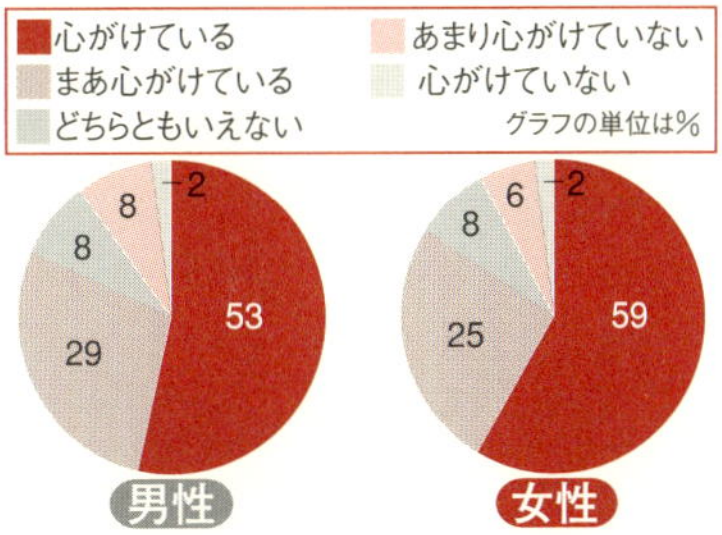

心がけている
あまり心がけていない
まあ心がけている
心がけていない
どちらともいえない
グラフの単位は%
男性
53
29
8
8
2
女性
59
25
8
6
2

男女合わせての、「食べながら飲む」という人は、「心がけている」「まあ心がけている」を合わせると83%。男女、年代を問わずこの意識は高く、50代で80%を下回った以外は、軒並み80～90%の高い割合を示す。居酒屋において料理が重要であることを確認させられるデータだ。（出典:「酒文化研究所」2004年）

比較的手軽に取得できる焼酎&日本酒の「ソムリエ」

ワインのソムリエに代表されるように、いまやあらゆる酒にアドバイザーの資格がある。

なかでも、昨今のブームにより注目されているのが、「焼酎アドバイザー」と「きき酒師」。ともに「日本酒サービス研究会・酒匠研究会連合会（SSI）」が認定している資格である。いずれの資格も、講習会を1日受講して試験を受けるだけの手軽なもので、試験の合格率は70～80%と高い。

講習内容は、どちらも基礎知識や歴史、健康効果、テイスティング、器や料理との組み合わせ、給仕の仕方など多岐に渡っている。試験は筆記やテイスティングの実技があるほか、どんな場面でどんな酒を出すか、料理や食器はどういうものがいいかなどの企画書を作成するといった問題もある。

うんちく的な知識だけでなく、こうした実践的な知識と考え方が身につくため、取得を奨励しているお店も少なくない。

酒の仕入れと売れ筋商品の見つけ方

おいしい酒をお客さまに気軽に飲んでもらうには、どんな酒を、どこから仕入れるかが問題になる。まず仕入れ先の探し方から、ラインナップの基本的なそろえ方までを考えてみよう。

自分の舌を信じ独自の酒をそろえる

最近は、店主が納得した日本酒や焼酎しかおかないという居酒屋が増え、ファンを獲得しています。そのぶん舌の肥えたお客さまも増えているので、特定名称酒（大吟醸、純米酒など）や本格焼酎に対する、深い商品知識があることが大切です。

数多くの銘柄の味を覚えるには、やはり居酒屋などでの勤務経験がものをいいますが、日ごろから居酒屋巡りを重ね、独学で学ぶ人も多くなっています。お気に入りの居酒屋を見つけ、まずそのお店の品ぞろえを参考にするのも1つの手です。

商品を効率よく仕入れ在庫のバランスを考える

しかし、酒の流通は生産量に左右されたり、急に味が落ちることも。そこで、つねにどの酒蔵のどの酒がいいかということを一番わかっている酒販店が頼りになってきます。

目当ての酒販店があれば、すでに取り引きのある居酒屋から紹介をしてもらうに越したことはありません。しかし、小規模のお店で、しかも新規の取り引きとなると酒販店も慎重にならざるを得ないのです。とはいえ取り引きをお願いするばかりではなく、品切れすることがないか、急な注文にも応じてくれるかといった酒販店の販売力も確認することが大切です。

さらに注意しておきたいのは、自分の好きな銘柄だけを仕入れればいいわけではないということ。品数が多すぎたばかりに不動在庫にならないとも限りませんし、安価な酒ばかりでは客単価が下がってしまいます。

手ごろな価格のものでも、このお店でしか飲めない、というようなものであれば、お客さまは必ず来てくれるはずです。と同時に、どんな料理を出すのかを考え合わせ、客単価を設定したうえでの品ぞろえが必要になります。

■不動在庫
お客さまの注文がなく、売れ残ってしまう商品群のこと。商品は効率よく回転させてこそ、利益が出せるもの。お客さまの注文がないまま在庫状態が続けば、投入した資金がムダになるばかりか、新しい商品を仕入れる際にスペースを圧迫することに。人気商品の品切れを防ぐとともに、不動在庫が発生していないか、つねに意識することが必要だ。

売れ筋商品の見つけ方

人気店を参考にする

自分がめざすようなお店があるなら、そこを参考にするのもいい。しかし、単にマネするだけではかなわないので、コンセプトに合わせて、自分なりにアレンジすることが必要。

雑誌やネットで調べる

雑誌の読者層からターゲットを絞った銘柄について知ることができる。情報収集だけでなく、オンラインショップを利用すれば、日本各地どこの酒でも入手が簡単に。

酒販店や業者に聞く

酒販店は酒にくわしいプロ。産地、蔵元、銘柄など、その時々に一番いい状態の酒を知っている。近所のお店だけでもいいが、各地のお店なら、よりレアな情報を得られることも。

流通の仕組み

メーカー
ビールメーカー
日本酒蔵元
ワイナリー
焼酎蒸留所など

→

卸問屋
大手商社
大手酒販店
輸入代理店など

→

小売店
中小酒販店
個人商店
スーパー・
百貨店など

→ **居酒屋**

仕入れ取引

酒販店によっては、開店したばかりで実績の少ない新規客との取り引きを避けるところも少なくない。とくに珍しい酒を仕入れようと、直接酒蔵を訪ねても、信頼できる紹介者がいないと受けつけてくれないところも多い。開店後しばらくは、近くの酒販店で手に入るものを中心にそろえるのが無難だろう。飲食店の世界で信用がつくのは、一般に2～3年は必要とされる。

主な酒の保存方法

日本酒

直射日光のあたらない暗所に、5～6度で保存。半年から2年ほど保存できるが、開栓後数日が飲みごろ。

ワイン

気温15度前後、湿度70％前後の暗所に寝かせた状態で保存する。振動を与えないこと。開栓後は立てて保存し、数日で飲みきる。

焼酎、スピリッツ類

アルコール度数が高く、腐敗の原因となるたんぱく質も少ないため、賞味期限はない。開栓後もとくに問題ナシ。

その他、リキュール類

アルコール度数の高いものは常温でも長もちするが、風味を損なわないためにも、冷蔵庫などでの保存がお勧め。

料理メニューとの相乗効果も考えよう

酒の品ぞろえは、お店でどんな料理を出すかによっても、その特徴が表れる。また反対に、どんな酒を用意するかによって料理を考えるというケースもある。

和食を中心とするメニューから考えるのなら、やはりビールと日本酒、焼酎を中心にそろえるのが普通。もちろんサワー類、カクテル類、最近はワインや梅酒をおいているお店も増えている。

中華やエスニック料理などを出す場合には、それぞれの国で好まれる酒をおくのが普通。ただし、日本人には一般に食事とともに飲む酒として馴染みがないため、ビールやサワー類なども用意したほうが喜ばれる。

また、酒の味を引き立てたり、相性のいい料理を出さなければ、いくらこだわりの酒をおいても意味がないことも知っておこう。

上質な食材を仕入れるにはどんな方法があるの？

おいしい料理を提供するには、やはり上質な食材を仕入れたい。しかし、スーパーや小売店、卸業者、生産農家など仕入れ先はさまざま。それに新鮮で安全な食材を仕入れるには時間とコストが必要だ。少しでもいいものを、少しでも安く仕入れる方法とは？

さまざまな仕入れ先を上手に使い分けること

おいしい料理を提供するには、まず上質の素材をいかに仕入れるかが大切になります。仕入れ先は大きく分けて、小売店、卸業者、生鮮市場、インターネット上の通販ショップの4つに分けられます。

①小売店

近くの小売店なら、バラ売りや値引きなど、細かな融通が利くでしょう。たとえば営業時間後に鮮度の落ちた商品を安く仕入れ、翌日のメニューに生かすというお店もあります。

②卸業者

卸業者は安定した供給体制と幅広いネットワークを有し、品質に関しても確かです。在庫のない食材でも探してくれたり、季節感のあるものなどは迅速に入手できます。ただし、業者によって鮮魚に強かったり、加工品に強かったりと特色があるので、何社かを掛け持ちで利用すること。

③生鮮市場や生産地

品質の点でもっとも納得できるのは、やはり生鮮市場や漁港、農家に直接足を運ぶ方法です。旬の素材や流通経路がわかるうえに、顔を覚えてもらうことで人脈を築くことも。そこから新たな産地や生産者の情報が得られるかもしれません。何度も通っているうちに、素材を見分ける目や、おいしいもの、安いものを嗅ぎ分ける力も備わってきます。

④インターネットの通販ショップ

個人店を対象にする通販ショップなら、小分けの注文に応じてくれるため、ロスを削減できます。また、生鮮食品から冷凍食品、仕込みや調理の手間を省ける加工済みの食材までがそろい、旬の食材を全国から取り寄せることもできます。

ただし、これらの仕入れ先には、それぞれに長所短所があります。すべてを生鮮食材にするのではなく、仕込みに時間がかかるものは下処理済みの商品を通信販売で取り寄せたりすることも大切です。

■産地直送するには？

産地直送、生産者からの直送など、中間業者を挟まない仕入れは、それだけ早く手元に届くため鮮度がいい。また、安い値段で仕入れることもできる。ただし、個人店と取り引きする場合、卸値ではなく小売値で契約する生産者もいるので確認が必要だ。

直接生産者と交渉をする場合、まず生産地のJA、各自治体の観光課などに問い合わせてみるのも手。市区町村の役場でも、細かい生産者の情報が得られることがある。

仕入れ先とそれぞれのポイント

青果店、鮮魚店など

POINT

在庫がなくなったらすぐに仕入れることができる。電話１本で配達してくれたり、バラや半身など、細かい注文にも対応してくれる。アシが早い食材を毎日こまめに仕入れるのに便利。

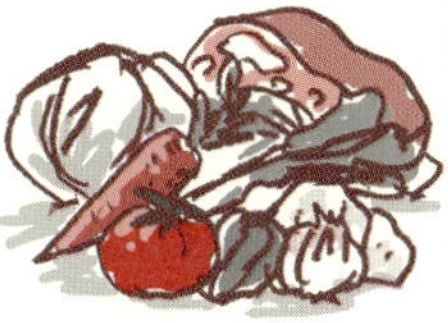

市場、卸業者など

POINT

さまざまな食材が大量にそろう。価格や数量、仕入れ日など、安定した供給を受けられる。全国各地に幅広いネットワークをもっている。ある程度まとまった仕入れに便利。

農家、漁師など

POINT

誰がどのようにつくっているかがわかり、安心度が高い。中間マージンがないぶん、素材そのものは低価格。旬の素材や限定生産品、あまり市場に出回らないものなどを仕入れるのに便利。

NEW！ ネットショップ、カタログなど

なかなか市場に通えない場合は、ネットショップやプロ用のカタログが重宝する。時間と手間が省けるだけでなく、日本全国の旬の素材も簡単に手に入る。冷凍食品、下処理済みの加工品などもあり、飲食店での経験がないという場合にも便利。

仕入れ契約までの流れ

複数の業者を比較する
商品の価格、質、量など、さまざまな角度から気になる業者を何社かピックアップする。

→

サンプルを依頼する
サンプルを送ってもらうか、自分で現地まで直接出向き、実際に自分の目と舌で確認する。

→

価格とのバランスを見る
相場価格と差がないか、品質と価格がつり合っているかをチェック。仕入れ日の融通が利くかどうかも確認。

→

会社、担当者の対応は？
取引業者とは長くつき合っていく間柄。商品だけでなく、取引実績や担当者の応対なども考慮に入れる。

→

契約を結ぶ
最終的に配送形態、配送日時、決済方法などを業者と相談して決める。商品の注文は電話、ファクスなどで行う。

未経験者でもよりよい仕入れが可能

居酒屋で修業したり、調理専門学校への通学経験があれば、仕入れに関しての知識や人脈ができるが、そうでなくともいい素材や生産者を見つけることは可能だ。

たとえば脱サラで開業した「方舟」（24ページ）の原さんは、インターネットで手当たり次第にリサーチ。メールや電話で連絡を取り、気になったところは現地まで足を伸ばした。その過程で知り合った人から情報をもらい、また別の仕入れ先を見つけるなど、とにかく積極的に情報を集めていったという。

「本当の素人だった」という「善知鳥」（12ページ）の今さんは、他店やテレビ、雑誌などで目にし、気になった素材について自治体の観光課に問い合わせ、くわしい情報を入手。日本酒は、酒販店を数多く巡り、店主に話を聞いたり試飲したりして、勉強を重ねていった。

自分を過信しないこと、また人との出会いを大切にし、見識を広げるなど、謙虚さも必要だ。

どんなメニューで利益が出せて、お客さまに求められるかを確認

人気の酒や料理など、つねにアンテナを張っておくことは重要だが、より多くのお客さまに楽しんでもらうには、安定した仕入れ、価格を維持できること、そしてお店の採算に合うかどうかも考えなければいけない。メニューをつくる前に知っておくべきことを紹介しよう。

どのくらいの利益が必要か？ 材料の原価から考える

お店で出す酒や料理を考える際、何が喜ばれるかだけでなく、原価とニーズを考え合わすことも重要です。「これを提供したい」というこだわりより、まず採算に合うかどうかが問題になります。

仕入れが簡単にでき、調理にも手間がかからないものなら、お客さまに安く提供することができます。しかし、ありきたりの料理ばかりがメニューに並ぶと、いくら種類が豊富でも、お客さまは満足しないもの。メニュー構成のバランスが大切なのです。

そのためには、仕入れにお金がかかる素材を使ったものは、調理法に凝って付加価値をつけるなどして価格を高めに設定し、そのぶん安く仕入れた素材を使ったものは価格を抑えるというような工夫が必要です。

味や素材に自信があれば利益率を上げてもかまいませんが、適正価格かどうかを決めるのはお客さまです。仕入れ費や原価を度外視しては経営は成り立ちません。

立地・客層など お客さまのニーズから決定

お店の周辺環境や顧客ターゲットを熟慮することも大切。同じようなスタイルの居酒屋でも、お店のロケーションや来店するお客さまの層によってニーズは違ってきます。

たとえば学生街や若いサラリーマンが集まる場所ならボリューム感を重視、住宅街ならファミリー向け、女性客も多いファッショナブルな街なら量より素材の質や美しさ、器にも重きをおくなどの工夫が必要です。

何でもそろうFCチェーン店と違い、小さなお店では品ぞろえや提供方法が個性になります。原価とニーズのバランスを考えたメニュー構成を心がけることが大切です。

■試飲会・試食会

メニューが決まったら、必ず自分以外の人に試食してもらうこと。いろんな立場の人から多くの意見をもらいたいが、できれば顧客ターゲットと同じ立場の人たち数人にお願いしよう。

その際、自分の意見にこだわるのもよくないが、他人の意見に惑わされるのもよくない。いろんな意見を吟味して、自分なりのメニューをつくっていこう。

メニューを決める際のポイント

原価から決定！

①お店の売上計画を立て、1カ月にどれくらいの利益が必要か考える。
②自分の出したい料理を提供するにあたっての、仕入れ費や人件費などのコストを計算し、価格を決める。
③誰かに試食・試飲してもらい、決めた価格が適正かどうか意見を聞いてみる。

【対策プラン】

注文数が出ないときに思い切って値下げすると、とたんに人気メニューになることもある。

ニーズから決定！

①自分の出したい酒や料理は、いまのトレンドに合っているか。魅力的な味わい方を提案できるかなどを客観的に判断する。
②スタイルや立地条件によって、求められるメニューの違いは？　自分の足で実際に歩いたり、お店に入ったりして肌で感じてみる。
③出店したい場所の周辺には、どんなお店があり、どんな人が多いのかを調査する。曜日、時間帯ごとに差がないかも確認する。

【対策プラン】

自分のこだわりよりも、いかにお客さまを喜ばせるかに重点をおいて考え直す。

立地条件や客層によるメニューや価格設定の比較

和風居酒屋A店

立地条件：駅前
客　　層：幅広い客層、一見客も多い
店の仕様：30坪40席／スタッフ5名

- お通し　250円
- 生ビール中480円
- レモンサワー400円
- 焼き鳥1本120円
- 唐揚げ　500円
- お好み焼き700円

いろいろな客層に対応するため、メニューは多様で種類も多い。価格を低くし、客の回転数で勝負する。

洋風居酒屋B店

立地条件：郊外
客　　層：比較的年齢層が高い。地元の常連客が中心
店の仕様：10坪12席／スタッフ2名

- お通し　300円
- 生ビール中　600円
- ジントニック　600円
- チーズ盛り合わせ　1200円
- トマトとバジルのパスタ　980円
- シーザーサラダ　680円

メニューは少なめだが、素材やつくり方などにこだわりがある。レアな酒などもそろう。

鮮度、ネーミング、限定感でお客さまの感性に訴えよう

「居食屋」といわれるほど、現代の居酒屋では料理が酒をしのがんばかりの存在となっている。おいしいのは当たり前。だからこそ、さらなる魅力でお客さまを引き寄せたい。料理につける「付加価値」で、他店と違った魅力をアピールしよう。

お客さまの食欲をそそり、頼んでみたくなる工夫が必要

本格和食から洋食、中華、エスニック、缶詰まで、居酒屋料理のジャンルに決まりごとはありません。

とはいっても、もともと食は保守的なもの。奇抜なメニューは敬遠されることも多いのです。そこでメニューづくりに生かしたいのが、既存の料理の付加価値を高める考え方。

素材の鮮度はもちろん、「黒毛和牛」や「○○港のマグロ」など、ブランド名や産地名を掲げれば、メニューに強い訴求力が生まれます。「いまだけ」などの限定感も魅力です。ネーミングも重要で、「シャキシャキ」「プリプリ」など擬音語を使ったメニュー名は見るだけで食欲をそそり、想像力も刺激して「頼んでみよう」という気にさせます。

見て「おいしそう」食べて「おいしい」は当然

日本人は「目で食べる」といわれるほど見た目に敏感。盛りつけは料理の姿や彩りをはじめ、器の選び方にまでしっかり気を使いましょう。

味についてはすべてのメニューがおいしくて当たり前と、肝に銘じること。外食文化が成熟した現在、「安かろう悪かろう」を我慢してくれるお客さまは、まずいません。

また小規模の個人店では、焼き鳥や豆腐料理などの定番に加え、素材を吟味し、意外な食材を組み合わせたり、酒との相性まで考えた、お店のウリとなるオリジナル料理の提案が大切です。品目は少なくても「あのお店にしかないオリジナル料理が食べたい」と思ってもらえれば、お客さまは何度でも足を運んでくれるのです。

「刺身」「焼き物」「フライ」など、同じ素材で料理の仕方や、部位を変えて複数のメニューをつくるのも有効。ロスを減らせるうえに、品数が増えることで、お客さまに選ぶ楽しみも提供できます。

■付加価値とは……

どんなものに価値を感じるかは十人十色。同じお客さまでも価格の安さを第一に考える人、高くても味や雰囲気にこだわる人、地域や季節限定メニューに引かれる人。高価で美しい食器を愛でつつ食することに喜びを感じる人もいる。

すべてのニーズに応えることは不可能だ。迷ったらお店のコンセプトと自分自身の価値観・感性を信じて、それにかなった付加価値をメニューに与えよう。

こんな付加価値が料理の魅力をアップする

素材

野菜なら無農薬・有機栽培、肉や魚は有名産地のものや良質の品種であること。契約農家からの直接仕入れや産地直送も訴求力をもつ。また春の山菜や秋のサンマなど、季節感は最大の魅力。

盛りつけ／演出

色や形、ボリュームに気を配るほか、器の色や大きさも重要。作家物の陶器や、洋食に和食器を合わせて目線を変えたり、竹や笹の葉など自然素材を使うのも好印象だ。目の前で焼き上げる、巻物を自分で巻いてもらうなど、視角や触覚で楽しませる演出もお客さまを惹きつける。

調理／味つけ

和食に乳製品やハーブを使うといった、他ジャンルの調味料の採用や意外な食材同士の組み合わせで新しい味を開発する。食感も重要で、経験したことのない柔らかさやパリパリ感といった新鮮な感覚が「ヤミツキメニュー」を生み出すことも。

ネーミング

素材そのものに力があれば素材名を前面に打ち出し、食感に魅力があるメニューはそれを表現する擬音語を入れる。「本日入荷」「とれたて」「いまだけ」など、鮮度や限定感を表すキャッチフレーズも効果的。

調理技術の取得方法とそのメリット＆デメリット

	メリット	デメリット
料理学校	道具の使い方などの実技はもちろん、栄養学や衛生学などの学科も充実。業界内のコネクションも広く、卒業後のケアもしっかりしている。	実践経験がないため、いざ現場に立つと接客や仕入れ対応などにもたつく場合も。教わったことに固執しすぎると、メニューも味も画一的になる危険性が。
居酒屋で修業	仕入れから調理・接客、場合によっては経理まで現場の仕事を直接覚えることができ、どこに行ってもある程度、即戦力として通じる力がつく。独立前にお客さまがつく場合も。	修業先の個性が強いと、独立後にそのお店の雰囲気や味に影響されることも。また、栄養学や人材管理など、飲食店経営のための基本的な知識や技術が抜け落ちる可能性がある。
独学で覚える	授業料不要、仕事の忙しさに追われることもなく好きなときに好きなだけ勉強できる。自分が必要と思うことだけを集中して学び、研究することができる。	基礎的な技術習得や実践経験が決定的に不足し、何でもないことでつまずく危険性がある。また、開店時にアピールできる社会的経験や後ろ楯がないと、相手から低く見られて各種の契約で不利になることも。

一見客に入ってもらうにはやはり戦略が必要！

通りすがりの一見（いちげん）客にお店に入ってもらうには「このお店に入ろう」と決断させる何らかの動機づけが不可欠だ。

東京・下北沢の「やさい酒場」（48ページ）では週末や休日は常連客が減り、一見客が多くなる。そのため、どうやって道行く人にお店の存在を意識させ、足を踏み入れてもらうかがポイントに。同店では、料理のネーミングとお店の雰囲気づくりに工夫を凝らしている。

たとえば「カリカリ」や「シャキシャキ」などのフレーズを使ったメニュー名でアピールし、歩いている人の食欲をそそる方法。そして店内の客数が少ない場合には、お客さまを通りに近い席に案内し、外から見たお店の活気を演出。新たなお客さまが気軽に入りやすい雰囲気をつくっている。

これらの「戦略」はもちろん、おいしい料理と酒がそろっていることが大前提。演出ばかりにとらわれて基本をおろそかにしないように。

人気居酒屋・蔵出しケーススタディ part 2

ワザが冴える、個性が光る！おいしい魅力的なメニュー

酒の味を引き立てるだけでなく、会話のタネとなり、
そしてときには酒をしのぐほどの存在感を主張する。
それが、居酒屋料理の大きな魅力。
自慢のオリジナルメニューはお店の看板そのものだ。

やまだや

（P018）

妥協のない探究心と仕事で素材のハーモニーを引き出す

フレンチから和、中華、アメリカンキュイジーヌまで熟知する店主に加え、調理スタッフは和食、イタリアン、バーテンダーと異なる畑の出身。それぞれの知識や感覚を共有して生み出すメニューは、素材の絶妙な組み合わせと細やかな仕事ぶりが魅力です。

豆腐の味噌漬けにはクリームチーズを合わせ、甘エビのタルタルは揚げて刻んだエビの頭で歯ごたえを出し、コロッケは10種の素材を使った自家製ソースで。酒も、酒蔵やワイナリーを直接訪ね、試飲して確かめたものだけをおくなど、妥協なき探究心と行動力は見習いたいもの。

自慢料理の１つ、「手作り帆立貝クリームコロッケ」(840円）はお客さまにも好評。次から次へと注文をこなすオープンキッチンのスタッフ。

方舟

（P024）

地方限定の新鮮素材にこだわり料理法はなるべくシンプルに

その地方だけの「限定」食材にとことんこだわったお店。北陸の海・山・川・畑の美味を一堂に集めた方舟は、その王道を行っています。

干物や貝類、鮮魚などの魚と、能登の地鶏・和牛などの肉類、そして有機栽培の加賀野菜を、自慢の囲炉裏でお客さま自らに焼いてもらうメニューが中心。素材の質がダイレクトに表れるため、仕入れには手が抜けません。原さんは漁師や農家などの生産者と毎日連絡を取り合って、情報交換しています。

そのまま食べても美味しい「加賀野菜」をはじめ、北陸の旬の食材がふんだんにそろう。お客さまは囲炉裏で炙りながらじっくり味わう。

ウサヤ デ タパス

（P036）

本格フレンチを手軽に！ ワインの味も特筆もの

プロの料理人である店主が1人で切り盛りするウサヤ デ タパスは、名前から連想されるスペインバルのスタイルにこだわらず、フランス家庭料理を中心にメニューを構成しています。

古びた店構えとは対照的に、丁寧な仕事を施されたキッシュがカウンターを飾り、色鮮やかなラタトゥーユを添えた本格的な香草焼きが供されます。味とボリュームを兼ね備え、しかもリーズナブルと大好評。

料理に負けず充実しているのがワインで、欧州各地産のボトルはもちろん、グラスワインのおいしさにこだわったラインナップが自慢です。

「トリップの香草パン粉焼き　温製ラタトゥーユ添え」（1,100円）。店主の吉川さんは本格フレンチ出身。

酔壱や

（P072）

季節感へのこだわりが 創作和食をさらに魅力的に

全品創作和食がモットーの酔壱やでは、和食の基本にして最大の魅力である「季節感」を大切にしたメニューづくりがなされています。

たとえば春なら、野菜は菜の花や土筆を使ったサラダやオクラのあえもの、魚は白魚や桜鯛、鰆。ソースなども、ししとうと合わせて炒めたりと、誰もが「春」を実感するメニューがいっぱいです。

鉄のオブジェやモダンな間接照明でカジュアルなイメージがありますが、50代以上の大人のファンも多いのは、シェフの確かな腕とこだわりの和テイストによるところが大きいでしょう。

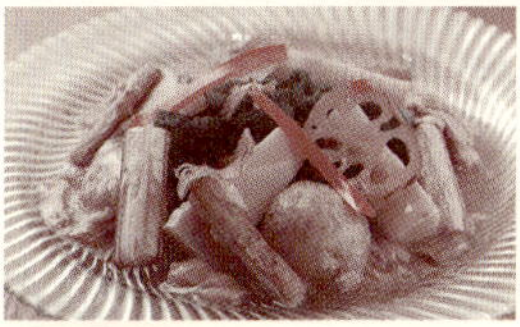

「春野菜のサラダ　ツナのあんかけ」（720円）。こだわりの器に季節を表現する、店主の奥嶋さん。

やさい酒場

（P048）

有機野菜の強みを生かしつつ 居酒屋料理の楽しさも十分

育てるのに手間がかかるぶん、有機野菜の味や香り、歯ごたえ、うまみは通常の野菜と比較にならないほどの力強さがあります。この時点でやさい酒場のメニューは、すでに他店との差別化がなされています。

野菜だけでなく地鶏や魚もしっかりとメニューに加え、野菜料理もサラダ風のあっさり系からチーズやオリーブ油を使ったボリューム系まで幅広くそろえています。それにより、有機野菜にありがちなストイックなイメージを和らげているのもミソ。

玄米や黒米のご飯やデザートなど、現代の居酒屋メニューに欠かせない役者もちゃんと控えています。

「牛ランプのタタキ　有機サラダ仕立て」（790円）。肉や魚を使ってのオリジナル料理はランチでも人気。

善知鳥

（P012）

条件は「日本酒に合うか」 飲兵衛好みの酒肴で徹底

日本酒との相性を第一に考えた料理で徹底する、というのが善知鳥の流儀。ふくよかで豊かな燗酒の存在感に負けないしっかりした味のつまみがずらりと並びます。

店主の出身地・青森の郷土料理である「貝焼き味噌」や「いちご煮」、各種の塩辛、生カラスミなど、どれも強い個性を主張する上質の珍味ばかり。何よりも酒そのものを味わいたい本物の飲兵衛には、たまらないラインナップでしょう。

酒も青森の「豊盃」をはじめとした希少銘柄をそろえており、店主自らの丁寧な燗でさらに深い味わいに仕上げています。

青森の郷土料理「貝焼き味噌」（1,000円）。料理は「いい酒の味に負けないものを」という店主の今さん。

繁盛店の必須条件は「女性に愛されるお店」であること

多くのお客さまに愛されるお店をめざすために欠かせない要素、それが「女性客の獲得」だ。酒や料理はもちろん、お店の清潔感、スタッフの接客態度まで、女性のお客さまは厳しい目をもっている。お店づくりに女性の視点を取り入れることが大切だ。

カギは軽めで飲みやすい酒としっかりした食事系メニュー

酒を飲むだけの場所から、おいしく食べて会話も楽しめる明るいお店へ——居酒屋の定義は、いまや完全に様変わりしています。この劇的な変化の立役者は、ほかでもない女性客。これからの居酒屋づくりには女性客の視点が欠かせません。

酒の基本は女性もまず「ビール」ですが、軽めで飲みやすく色もきれいなサワーやカクテルもやはり人気。フレッシュなフルーツテイストのものなどが喜ばれます。

料理も大きなポイント。従来のお茶漬けや焼きおにぎりといった「最後のシメ」ではない本格的なものが求められています。たとえばサラダや豆腐などヘルシー系はもちろん、パスタやチャーハン、お好み焼きなどの食事系メニューが重要。デザートにも手を抜かず特徴のあるものを。

ファミリー層＝女性客であることもお忘れなく。子どもたちが楽しく食べて飲めるメニューや、乳幼児連れでも安心して来店できる席の用意、スタッフの心配りがあれば、リピーターになってくれるでしょう。

清潔感は最重要項目おしゃれ感覚にも応えたい

清潔感に関しては、とても厳しい目をもっています。トイレの汚れや臭いはもってのほか、床やテーブルのベタつきもご法度。また、インテリアだけでなくスタッフの清潔感も重要です。服装や正しい敬語はもとより、さわやかでかつ馴れ馴れしくしすぎない態度や、通路やトイレ近くの席になるべく案内しないといったさり気ない心配りまで、女性客はとてもよく見ています。

また同性同士でちょっとしたおしゃれ感覚を楽しみつつ飲みたいといった志向もあるので、雰囲気のよいインテリアや食器、音楽なども「また来たいお店」になるかどうかの大きな要素となるでしょう。

■細かな部分にも注意を
さり気なく、しかもディテールにまでこだわった心配りは女性客に必ず伝わるもの。

カウンターの下やテーブル周りにバッグがかけられるフックがあればとても喜ばれるし、夏場に冷房を効かせすぎないことも重要だ。トイレなどへの案内表示もきっちりとしておきたいもの。

お店によっては料理や酒を通常の半分の量で提供し、価格も半額にするサービスなども。見習いたい気遣いの1つといえるだろう。

女性客を意識したお店づくりのポイント

下に挙げた5つが大きなポイント。大きくてきれいな五角形を描ければ理想に近いといえるだろう。

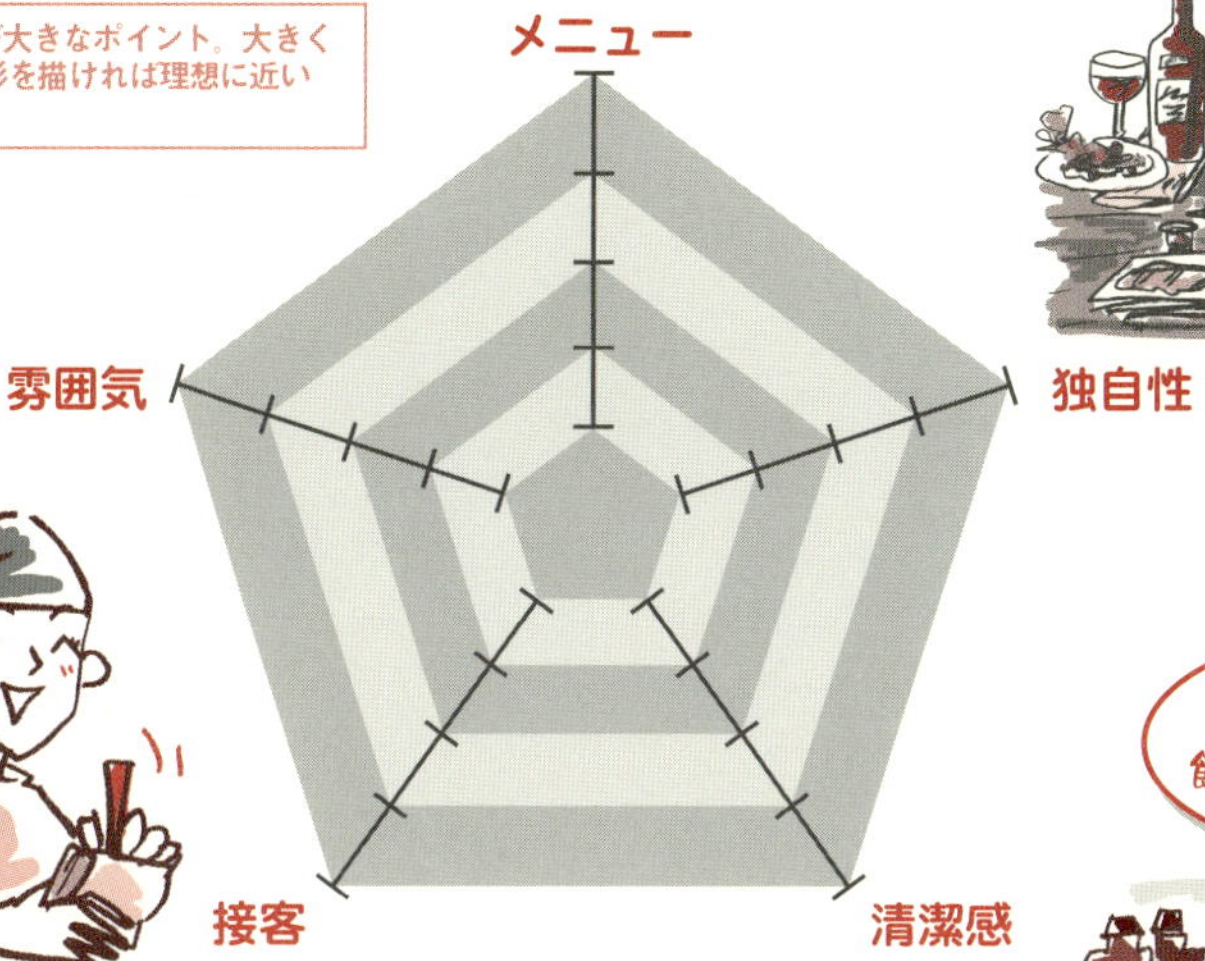
メニュー
独自性
清潔感
接客
雰囲気

1人でも安心して飲めるっていいね！

■メニュー　Menu
- サワーやカクテルの種類を増やす
- ヘルシー＆ローカロリーな料理
- しっかりした食事系の品目
- 子ども向けメニューの用意　など

■雰囲気　Atmosphere
- センスのよいインテリア
- 食器やテーブル周りにおしゃれ感
- 会話を引き立てるＢＧＭ
- 「酔っぱらい」がいない　など

■接客　Reception
- ハキハキと気持ちのよい応対
- 丁寧な言葉、敬語
- 空調の調節などさり気ない気遣い
- 心地いい距離感と会話　など

■清潔感　Cleanliness
- トイレはつねにピカピカな状態
- テーブルやイスのベタつきは厳禁
- 厨房やトイレの臭いを発生させない
- スタッフの服装も清潔　など

■独自性　Originality
- トイレにアメニティグッズを設置
- 「毎週水曜は女性感謝デー」など
- コラーゲン含有など、美容重視の食材提案
- アジアンリゾート風など非日常的空間づくり　など

異なったお店づくりで女性客を獲得した2店

東京・下北沢の「やさい酒場」（48ページ）と西麻布の「ほしかわ家」（54ページ）。どちらも女性が多く集まるファッショナブルな街にあるが、それぞれ異なるお店づくりで女性客を獲得している。

　やさい酒場の森下さんは、開業前のエリア調査で女性客が多いことを知り、そこから「オーガニック野菜を食べる居酒屋」というコンセプトを打ち立てた。ほしかわ家の星川さんはとくに女性を意識することはなく、独自性での勝負を考え、それまでの西麻布にはなかったタイプの「干物で焼酎をがぶ飲みする立ち飲み屋」を開店。

　やさい酒場は狙い通り、ヘルシーな野菜料理が多くの女性客の心をつかんだ。そして、ほしかわ家はその個性的なスタイルが西麻布では目新しく、清潔で気軽さがあることから多くの女性客から支持されている。

　顧客ターゲットを考えたコンセプトは、ときにオーナーの志向以上にお店づくりの重要なファクターになり得るのだ。

居酒屋流

実践的アドバイス part2

絶対にそろえたい備品と手に入れる際のポイント

居酒屋に必要な道具はたくさんあるが、コンセプトやメニューなど、
またお店の規模やスタイルによって、必要なものは違ってくる。
価格、デザイン、機能性など、選ぶ基準はさまざまあるが、
自分のお店に合ったものを見つけることが大切だ。

酒を出すまで ①

燗銅壷（かんどうこ）

丸い穴に炭火の熱で温めたお湯を張り、そこに徳利をつけて日本酒の燗をつける。焼き網の下に炭を入れ、燗をつけながら肴を炙ることもできる。銅製、鉄製などがある。

燗つけ器（電気式）

チロリに日本酒を入れ、湯煎して温める。お湯の量と燗をつける時間で好みの温度にできる。形や大きさはさまざまで、家庭用と業務用がある。

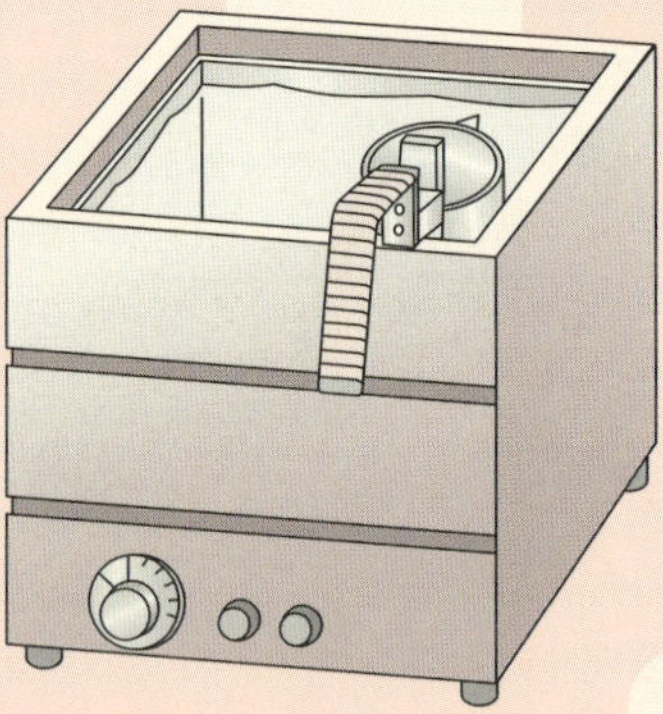

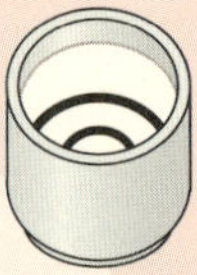

利き酒用猪口

紺色の蛇の目模様を焼きつけた白色の猪口。酒の色が濁っていないかを確かめるために白い。また、蛇の目の境界線を使って、酒の透明度を確認する。

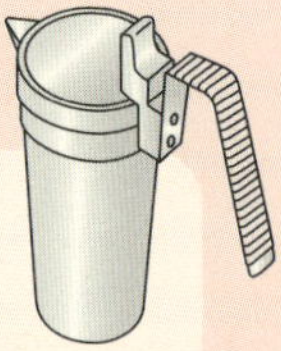

チロリ、酒たんぽ

注ぎ口と把手のついた筒型の、日本酒を燗するための道具。1合か2合のアルマイトやステンレス製が一般的だが、より熱伝導効率に優れる錫や銅、真鍮製のものも。燗をつけた酒は銚子やコップに移したり、そのまま出したりする。素材や大きさにもよるが、価格帯は数百円～数万円までと幅広い。

片口

鉢状の片側だけに注ぎ口がついた酒器。おもに冷酒を提供するための器として使用。大きさにより、酒、出し汁、醤油などさまざまな用途に使える。

酒を出すまで②

黒ぢょか

コンロや炭火で直接温めることができる、持ち手のついた土瓶。保温性が高く、火から降ろしてもしばらく熱いまま楽しめる。黒ぢょかに、好みの分量の水で割った焼酎を入れ、そのまま何日か寝かせてから温めるのがベスト。直火にかけられないものもある。

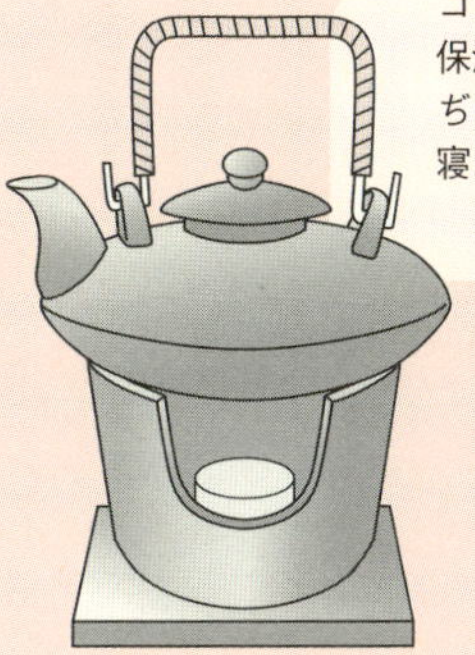

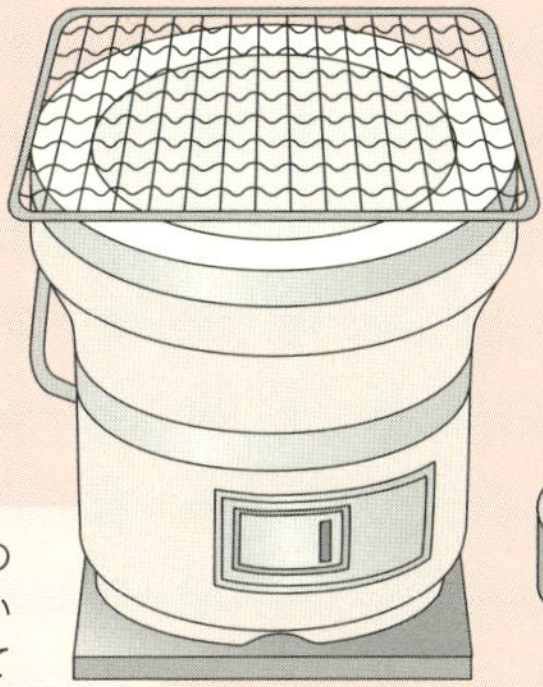

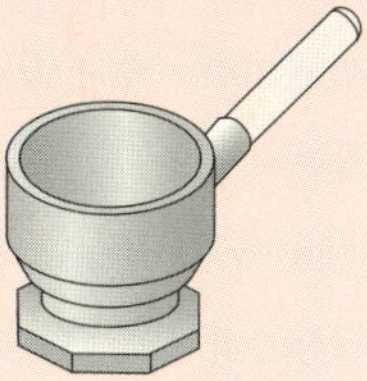

炭火用七輪（こんろ）、十能

おもに焼き物、鍋物などに使用するもので、角型のものなど形やサイズはいろいろ。熱や水に強い珪藻土からつくられている。金具に真鍮を使った高級品も。十能は、火を起こした炭を移動させるための道具。

保冷庫

酒の種類、在庫量に合わせて用意する。とくに一升瓶で仕入れる日本酒の場合は、大きさや収納力を考慮する。ワインの場合、温度だけでなく、モーターの振動も味に影響を与えるので、専用のセラーを手に入れるのがいい。値段は決して安くないが、中古品なら新品の半額以下で買えるものも。

ボトル棚

スピリッツ類など、冷蔵の必要がない酒を収納する。壁につくりつけたり、棚を積み上げたり、オリジナル棚を自作してもいい。バックバーにあるボトルは、お店の顔ともなるので、規模や予算などを考慮して選ぶ。

料理を仕込む

大鍋

アルミ、銅、ステンレスなど素材はさまざま。煮込み料理全般に使用できる。仕込みの量やメニューによって使い分けできるので、何種類かの大きさのものをそろえておくと便利。

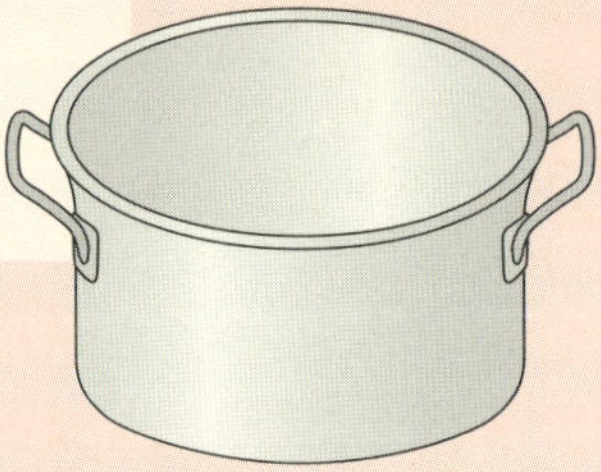

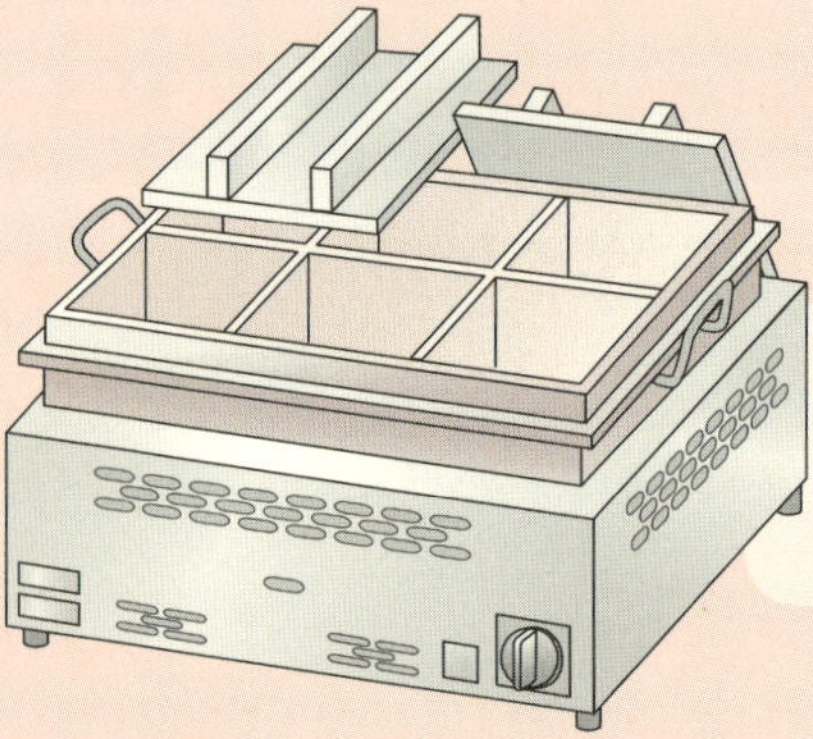

おでん用鍋

仕切り板のついた四角い鍋。ガスの取り込み口がついているものから、コンロに載せて使うもの、電気式のものなど、タイプはさまざま。おでんを煮込むのが一般的だが、湯豆腐を煮るのにも便利。

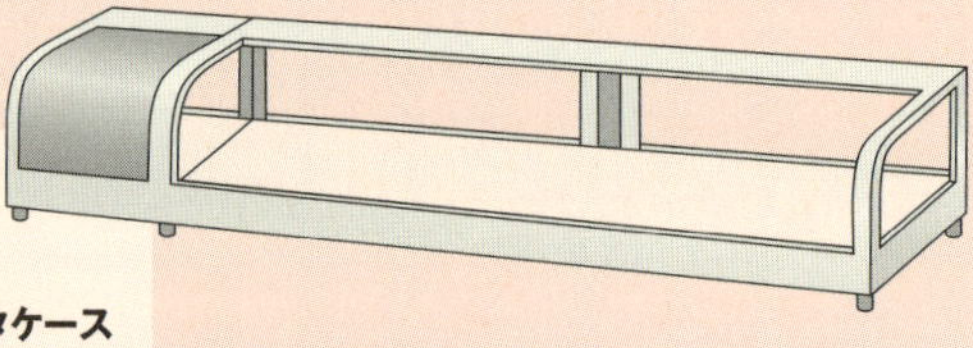

ネタケース

寿司店でよく見かける横長のショーケース。バルやバールでもよく利用されている。魚介類だけでなく、野菜や肉、仕込んだ焼き鳥など、いろいろと活用できる。カウンター中心の小さいお店の場合、保存するだけでなく、お客さまには食材を見て選ぶ楽しみがある。

冷凍冷蔵庫

食材の保存には欠かせない。業務用のものは、扉が大きく出し入れが楽。大きいものは数百万円もするものがあるので、新品、中古、リースなど、いろいろ検討してみよう。

料理をつくる

ガスコンロ
飲食店にはなくてはならない必需品だが、小さなお店なら家庭用で間に合うことも。業務用コンロを使用する場合は、物件のガス容量を確認したり、コンロ回りの耐熱性の確認も必要。場合によっては、変更が必要なこともある。

コールドテーブル
背の低い冷蔵庫で、天板部が作業台として使えるようになっている。省スペース、省コストにもってこい。

お客さまを呼ぶ

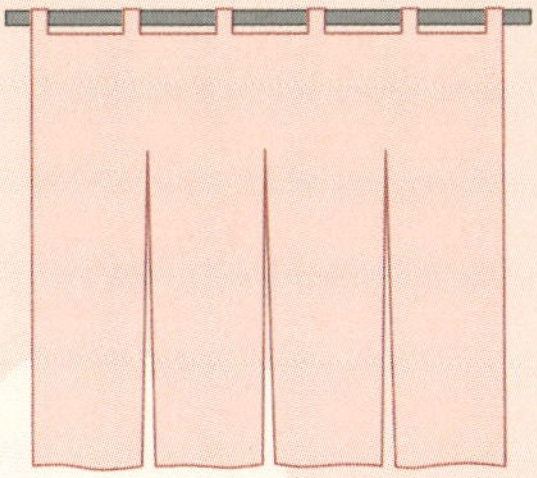

のれん、縄のれん
タイプはさまざま。もっとも一般的なのが布製のもの。昔から居酒屋などで使われてきたイグサを編んだ縄のれんや、軒下から地面に届く大きさの、日よけ幕などもある。素材や大きさなどにもよるが、およそ2,000～3,000円代から手に入る。

赤ちょうちん
店頭で飲兵衛を惹きつける魅力的な灯り。丸型、縦長型など形はさまざま。素材も和紙でできたものや安価なビニール製などがある。大きさにもよるが、価格は高さ50センチほどのもので2,000～3,000円くらいからある。

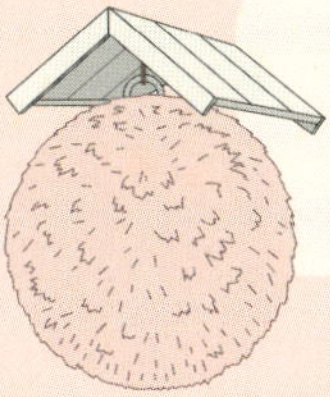

酒林（さかばやし）
杉の葉を束ね、丸く刈り込んでつくられる。もともとは造り酒屋の軒先に吊られたもの。いまでは日本酒にこだわる酒販店や居酒屋などでも利用されている。吊るしたばかりのときは鮮やかな緑だが、だんだんと茶色く変色し、これがまた緑になると、新しい酒ができたことがわかる。一般に酒蔵で独自に作製するが、オーダーメイドの注文に応える酒販店などもある。大きさは直径30センチから1メートルくらいまで。価格は小さいもので3万円前後から。

多角的&総合的な目でお店の立地条件を考えよう

自分のお店はどこでオープンするのがふさわしいのか？　居酒屋に限らず、あらゆるお店にとって立地は大きな問題だ。顧客ターゲットから具体的な売り上げ目標まで、多角的な視点をもとに選定することが求められる。

お店のコンセプトにも直結 立地条件は最重要ファクター

立地は、お店のコンセプトに直接関わる大きな要因の1つ。安易な妥協はしないことです。数多くの情報を集めつつ、自分の目と足を使ってとことん探すことが、唯一にして最良の方法といえます。

立地を検討するときのポイントとしてまっさきに挙げられるのは、都市計画の有無や交通インフラ、商圏の状況などのマクロ的要素です。

人の動線は駅や道路などの交通網によってほぼ決まりますし、繁華街や住宅地の配置を見ることで実際の商圏が把握できます。また、大きな道路の開通やマンション建設が予定されていると、数年後には地域全体の人やモノの流れが一変する可能性があり、役所などでの確認は必須です。

コンセプトを貫くか 立地に合わせたお店にするか

もっと身近な視点から立地を見ていくことも大切です（ミクロ的要素）。

開店を検討したい物件を見つけたら、まず「顧客ターゲット」を調査します。性別や年齢層をはじめ、生活パターンや趣味嗜好、居酒屋でどれだけお金を使ってくれそうかまで、繁華街と郊外の住宅地とでは違って当然です。お店のコンセプトがすでに固まっている場合、ここである程度マッチしていなければ、その物件は選ばないほうが賢明でしょう。

反対に、立地そのものに惚れ込んで「この場所で成功するにはどんなお店にしたらいいのか」を徹底的に追求する方法もあります。いずれにせよ、地道な地域調査がカナメとなるのはいうまでもありません。

家賃や居抜きかどうかといった開業資金の予算に関連することに加え、どれだけの客席数が取れる店舗スペースなのかなど、物件に関わる条件面まで、多角的かつ総合的に検討しましょう。

■調査会社に頼む方法も

仕事などで忙しく、どうしても立地調査に出向けない場合、費用はかかるが経営コンサルティング会社に頼む方法がある。またインターネットには物件の家賃相場などを調べられるサイトがあるので、そちらも要チェックだ。

しかし、ある程度絞り込んだら、やはり自分自身の目で確かめたほうがいい。こんなはずではなかったと後悔しても、簡単に移転できないことを忘れずに。

立地条件のチェックポイントを押さえよう！

おもな＜マクロ的要素＞

都市計画	用途地域や計画道路、マスタープランなどについては、自治体の都市計画課で教えてくれる。電話では教えてくれないことが多いので、直接出向くこと。
交通インフラ	住宅地から駅までの動線や、おもな道路網、バス路線など。新しい駅の建設計画の有無なども確認しておきたい。
商圏	お店に来てくれるお客さまの分布範囲。都市部の繁華街、オフィス街、住宅地など地域特性により変わる。昼夜間人口も大きく関わってくる。

おもな＜ミクロ的要素＞

物件周辺の人の数・流れ	性別／年齢層／職業／その場所に来る目的／曜日や時間帯、天候による影響／家族連れかカップルか　など。
物件特性	建物の種類（商業ビルかマンション内か）／どの階か（地下・１階・それ以上）／専有面積／建物の建替計画の有無／居抜き・設備の状態／競合店の有無など。
資金／経理関連	家賃／保証金／内装・リフォーム予算／席数／原価設定／客単価　など。

エリア調査の方法

地域の概要

地域全体の交通網、地理的な条件なども合わせて確認する。住宅、商業地、オフィスなどが、どのような配置になっているかも、実際に確認すること。年齢別人口、世帯数などは、自治体の統計資料をインターネットで調べることもできる。

人の流れ

駅からの距離と、人の流れは多いか少ないか。道順によって差はあるか、その途中にはどんなお店があるか、どんな人が歩いているかなどを自分の目で確認しよう。とくに夕方からの時間帯に歩いてみること。

商圏など

実際にお店を利用する客層は、想像とは違っていたりもするので、自分のイメージに近いお店に入ってみること。駅の乗降客数は、直接駅に問い合わせることができる。昼夜間人口は自治体ごとに統計資料を公開している。

場の雰囲気

時間帯や曜日、天候を変えて直接現場に出向いて観察する。できれば一度だけでなく、複数回調査したほうがよい。商店街の利用客は多いか、街にはどんな人が集まるのかなど、地元の人に直接聞いてもいい。

物件探し

02

立地の特性をつかんで理想的な開業の舞台を決めよう

立地はときに、お店のコンセプトをも左右する。にぎやかな盛り場か？ それとも落ちついた住宅街か？ などなど、あたためてきた独立の夢と理想の居酒屋像にフィットする最高のロケーションを探そう。

立地の特性とコンセプトのマッチングが大切

繁華街が一等地とは限らない――これが、他業種と異なる居酒屋の大きな特性です。通行人の多さや一見客の取り込みやすさなどの点では、繁華街のお店のほうが一般的に優位ですが、居酒屋経営ではそうとばかりはいえません。

なぜなら、明確な来店目的をもったお客さまが多いためです。「あのお店に行きたい」と思えば、遠くからでもお目当ての居酒屋にやってきます。実際に、目抜き通りより1本奥に入ったお店のほうが、繁盛している例は珍しくありません。

駅前も路地裏も大差はないとすると、大切なのは立地特性です。オフィス街なら仕事帰りのサラリーマンや接待の需要、住宅地はファミリー層の来店が見込めます。

つまり、顧客ターゲットになる人が多い立地なのか、またその立地に受け入れられるコンセプトなのかが、もっとも大切なポイントになります。繊細に盛られた料理とワインがウリのお店が学生街で繁盛するのは、やはり難しいのです。

1階へのこだわりは不要 わかりやすく魅力的な看板を

「お店を構えるなら1階」の鉄則も、居酒屋にはあてはまりません。そのビルにエレベーター設備さえあれば、地下も5階もあまり影響はありません。

そのため、一般に家賃や保証金を安く抑えることができ、初期投資額も少なくてすむというわけです。

ただし、入り口の看板や案内表示はとても重要です。繁華街は看板であふれているので、工夫がなければ周囲に埋もれるばかり。反対にお店が少ない裏道にポッとあかりを灯した看板があれば、常連客はもとより何となくお店を探しているような人も強く惹きつけるでしょう。

■看板を工夫する

看板は、できる限り目立つ場所を選んだり、人の目を引きつける色を使うなどの工夫が必要だ。

袖看板のほか、入り口に置き看板を据えることなどで客足が伸びた例は多い。また、赤色はほかの色と比較して遠くまで見える特性があるので、それを上手に生かすという手もある。一般に暖色系は寒色系にくらべ、人間の食欲をそそる効果があることも覚えておきたい。

立地による特性＆人の流れ

立地	特性	人の流れ
駅前・繁華街 	人の数はもっとも多いが、その属性はオフィス街（おもにサラリーマン）か住宅街（おもに主婦、リタイヤ組など）か、といった街の特性に左右される。一般に家賃や保証金が高く、同業者間の生存競争は激しい。	何かしらの目的をもってくる人がほとんど。都心部なら駅へ向かう人が、郊外なら駅から出て自宅に向かう人が居酒屋にとってターゲットになりやすい。
商店街 	一般に駅と住宅街の中間あたりに位置する。平日の昼間は主婦が中心だが、居酒屋の営業がはじまる夕方以降は仕事帰りのサラリーマンも。休日には多様な人々が集まる。家賃は高め。また地方ではさびれている商店街も多いので調査はしっかりと。	表通りは人であふれていても、1本入るだけで雰囲気ががらりと変わることもある。わかりにくい裏路地では、歩いているのはほとんど地元の人。
住宅街 	人の姿は少ない。住宅以外では小さな会社が点在するなど、静かな環境が多い。大勢のお客さまが騒いだりすることは周辺住民にとって多大な迷惑になるので、近隣関係には細心の注意が必要。	地元住民が家族単位で訪れるなどファミリー層のニーズが主。サラリーマンが帰宅途中に立ち寄れるため、平日もある程度の集客が期待できる。

物件契約の前に知っておきたいこと

家賃については必ずしも相手の言い値に従うことはない。交渉次第で値下げしてくれることも十分考えられる。ただし、強引な値下げ交渉はしないこと。せっかくの気に入った物件が、無茶な交渉で契約不成立ということにもなりかねない。

また、家賃は相場だけで判断せず、自分のお店の経営体力と相談することが大事。一般に家賃の目安は、月の売り上げ（目標）の1割もしくは3日分が妥当とされている。たとえば売り上げが月100万円、営業日数25日なら、家賃は10万円（1割）～12万円（100万円÷25日×3日分）となる。

契約にあたってもう1つ気に留めておきたいのは、物件オーナーの経営状況だ。というのも、万が一契約後にオーナーが破産すると、その時点で経営者が交替し、保証金などの預かり金が返還されなくなる場合があるため。そのほかの契約内容も引き継がれないことが考えられるので、できれば事前にそっとチェックしておきたい。

設計・施工会社にお店の工事を依頼しよう

開業に際し、もっとも大きなお金が動く店舗工事はいわば夢の実現の第一歩。それをゆだねる業者は、信頼できる「よきパートナー」として選びたい。本当の気持ちを伝えてまめに関わり、最高の仕事をしてもらおう。

業者は大切なパートナー 実績チェックと相見積もりを

物件が取得できたら、いよいよ店舗づくりの開始です。デザイン、設計、施工工事、どれもはじめて経験する人が多いはず。だからこそ設計・施工会社は親身になってくれる、信頼できるところを探しましょう。

知り合いからの紹介はもっとも安心できる業者選定方法ですが、ほかにも専門雑誌やインターネットでの検索や、自分が気に入っているお店に直接、誰が店舗デザインを担当したのか尋ねてみるのも手です。

また、居酒屋は水や油を多く扱い、さまざまな厨房設備も欠かせないため、なるべく飲食店の店舗工事に実績のある業者を選ぶのも大切です。

業者は1社だけでなく、必ず複数の会社に声をかけ、それぞれに工事費の見積もりを出してもらって比較検討しましょう。「相見積もり」はコスト管理の必須科目です。

全力でイメージを伝え まめに現場に足を運ぶこと

業者が決定したら、思い描く店舗のイメージを設計者に伝えます。コンセプトからターゲット、客席数、インテリア、食器、メニュー、BGMまで、口頭での説明だけでなく、雑誌の切り抜きや食器の実物を示したり、好きなお店にいっしょに飲みに行ってインテリアを見てもらうなど、視覚に訴えるのが効果的です。

工事中は頻繁に現場に足を運び、進捗状況を確認しましょう。その際は缶コーヒー程度でいいので、職人さんへの差し入れも忘れずに。感謝の気持ちを伝えることが、相手の「いい仕事をしよう」というモチベーションにつながり、現場でのちょっとした変更もスムーズになります。

修正部分を見つけたら、その場ですぐに指摘すること。とくにガスや水回りなどの設備関連は、工事完了後の修正はほぼ不可能なので、細心の注意を払いましょう。

■相（合い）見積もり
複数の業者から見積もりを取ることを相（合い）見積もりという。これを行うことによって相場や適正価格が見え、コスト削減につなげることができる。
相見積もりでは、価格のみならず内訳にも注意したい。「その他工事費」「一括」などのあいまいな表記の項目は、トラブルの原因となりやすい。具体的で明快な見積書を出してくる業者が信頼できるのは明らかだろう。

業者に依頼するまで

物件の確認

取得した物件の床面積・形・状態などを確認。入り口やトイレの位置、電気やガス、水道など設備関連のチェック。電気の容量や配線、ガスや水道の配管の延長が必要かどうかなどもしっかり確認しておく。

ポイント
- 店内の広さ、形
- 電気、ガス、水道など設備類
- 換気扇や排水溝、トイレ
- そのまま使えるもの、使えないもの

具体的なイメージ

内装の様子、客席数や位置、厨房の広さ、設備機器の大きさなど、できるだけ具体的に書き出すことで、完成後の店舗イメージを自分のなかで鮮明にする。長さや幅、高さなどの数字がわかるものは細かく伝える。

ポイント
- ホール・厨房のレイアウト
- 床や壁、インテリアの素材感
- スタッフとお客さまの動線
- 設備機器などの大きさ

資金を確認

見積もりを見ながら、どの部分にどれだけのお金をかけるか、バランスを取りつつ全体の予算を決める。不要な工事や贅沢すぎる素材を選んでいないかもチェック。

ポイント
- 削れない工事や設備・機器類
- どの部分で妥協できるか
- 素材の選択
- 手づくりできるものはないか

業者との打ち合わせ

もっとも大切なのは、お店のコンセプト。ビジュアルも使って細かい部分までしっかり説明し、感覚のズレや勘違いを防ぐ。最初からあきらめず、予算も含めて自分の考えはすべて伝えること。

ポイント
- コンセプト
- 予算
- お店のメニューやターゲット
- 自分の考えはすべて伝える

正式に依頼

ハイクオリティで ローコストの発注システム

従来の店舗物件の工事は、元請けであるメーカーや工務店が設計から施工までを一括して請負うのが一般的だった。予算を提示するだけで最初から最後までお任せで面倒を見てもらえ、店舗設計や工事にうとい発注側には便利であった。

しかし、このシステムは元請けの力が強く、入札や相見積もりなどの競争原理が働かないため、相場や価格の適正さが失われ、結果としてコスト高を免れない。

これに対して最近注目されているのが、設計・デザイン・工事などを別々に発注する「オープンシステム」または「分離発注」と呼ばれる方法。

文字通り、それぞれ別々の会社に発注するため、元請けの圧力もなく、競争原理から価格だけでなく工事の正確性もアップする。まさに一石二鳥の発注システムといえるだろう。

COLUMN

食事メニュー&ランチタイムを設けるのはお得か？

本格的な食事メニューを用意する居酒屋が増えている。
また、ランチタイムを設け、定食などを提供しているお店も少なくないが、
自分のお店でやるとなったら、お客さまが昼間も来てくれるか不安になるはず。
食事メニューやランチを提供する意味とは？　本当に利益が上がるのかを知っておこう。

メニューに、ご飯物や麺類、パスタなど、食事メニューを用意している居酒屋が多くなっています。大人数で注文して、少しずつ小わけにしてつまみ代わりにいただくお客さまもいます。最後のシメにラーメンやお茶漬けをかき込むのをやめられない、という人もいるでしょう。

昨今は、酒は何かを食べながらという人が多いので、つまみ程度のものだけでなく食事メニューも用意したいところ。もちろん仕込み時間や、必要な人員が確保できることが前提になります。もしそれが可能なら、より多くのお客さまを獲得する方法の1つになるかもしれません。

ランチメニューは食材の応用が利くものを

居酒屋は夕方からの営業だから、昼間は暇な時間があるのでは？　と思われるかもしれませんが、食材の買い出しや仕込み、掃除など、実際は開店準備に追われて大忙しです。たしかに昼間も営業している居酒屋もありますが、あえてランチを出すメリットとは何でしょう。

オフィス街や学生街なら、毎日ある一定の売り上げが見込めるうえ、お客さまが気に入れば夜の営業に誘導することもできます。また、前日余った食材を生かすことで、ロスも省けるでしょう。ムダにならないばかりか、利益にもなります。さらにランチメニューとして提供したもののなかから、お客さまの反応がいいものを夜のメニューに加える、といったこともできます。

ランチ営業をすれば売り上げがアップするとは限らない

ただし、目先の利益だけを追求しようとしても、なかなか簡単にはいきません。「方舟」（P024）ではかつてランチ営業をしていましたが、売り上げの割に利益が少なかったため、1年ほどでやめてしまいました。その結果、翌月の利益は、ランチ営業していた月よりもアップしたといいます。

ランチをやめて利益がアップした理由として、店主の原さんは単に効率がよくなったからではなく、「スタッフが、体力回復やサービスの勉強に時間を費やすことができたから」といいます。とくにスタッフが少ない居酒屋では、昼間も営業するのは負担が大きくなります。味についても、数ある競合店との差別化ができなければ、ランチタイムにわざわざ来てもらうことは難しくなります。

その点、近隣の人が気軽に利用できる、カフェスタイルのようなお店なら、ランチタイムに限らず、お茶の時間にちょっとしたものを食べてもらえるかもしれません。スペインバル、イタリアンバールなど、立ち飲みスタイルのお店のメニューを、軽食として利用する人も増えているようです。

第4章

気になる資金計画と経営ノウハウ

開業にかかるお金と、お店運営の方法

開業予算や収支計算、運営方法などの
しっかりした経営プランなくしては、
お店を続けることができません。
限られた予算のなかで、
自分の思いを表現し、
それと同時に、お客さまに満足して
もらわなければいけません。
そこが、腕の見せどころです。

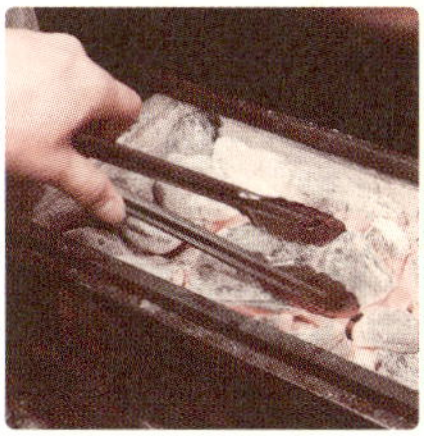

開業にかかるお金はどれくらい？必要な資金を計算してみよう

理想の居酒屋を開業するには、まとまった資金が必要となるが、とくに内装工事費、厨房設備費などは、はじめての人にはいくら必要かわかりにくいもの。信頼できる業者か、また適正な価格かどうか？慎重に見極め、ある程度の余裕をもってオープンに備えたい。

消耗品や雑費など細かい費用もチェック

05年の国民生活金融公庫の調べでは、開業資金の総額でもっとも多かったのが500万〜1000万円。ただし、第1章で紹介した居酒屋を見ればわかるように、店舗によって開業資金の額には幅があります。

たとえば厨房機器を充実させたり、内装に凝ったりすれば、それだけ余分に開業資金が必要になります。もちろん、居抜き物件を探したり、工事中の期間の家賃を交渉して安くしてもらうなど、工夫をすれば抑えることが可能です。

居酒屋を開業するために必要な資金は大きく分けて、①店舗取得費、②内装・設備工事費、③備品・消耗品費、④その他諸費用の4つ。どの費用も複数の業者から見積もりを取り、比較検討することが大切です。

①店舗取得費

物件を借りるためには、家賃とともに保証金や敷金、礼金などが必要です。契約金は家賃の6〜12カ月分が目安。礼金は発生しない場合もあるので、物件ごとに確認すること。家賃は契約したその日からかかります。工事中だからといっても家賃は計上されるので、余裕をもって資金を用意しましょう。

②内装・設備工事費

内外装工事、水道・ガス・電気などの設備工事、空調や厨房の工事などにかかる費用。一般に、内装工事と設備工事は同じ業者が行うことがほとんどです。

③備品・消耗品費

食器やインテリア、ペーパーナプキン、食器用洗剤やトイレ用品などまで含まれます。

④その他諸費用

広告などにかかる制作費、料理の材料や調味料などの仕入れ費、メニューの制作費などを指します。

■保証金
いわゆる敷金と同じ性質のもの。契約時に大家へ担保として預けておくもので、家賃の6〜12カ月分というところが多い。退去時にはクリーニング費用などを差し引いて返還される。礼金や敷金を別に取るところもあるが、多くは両方含まれている。

■造作譲渡料
以前の店舗の内装や設備がそのまま残されている「居抜き物件」を借りる場合に発生するお金のこと。お店づくりの際、多額の工事費や設備費を支払った以前の契約者のリスクを減らすため、大家の承諾を得て、その内装や設備（造作）をそのまま売り渡すことができるようにしたもの。

開業に必要なお金を計算してみよう

	内 訳	金 額	備 考
店舗取得費	家賃	円	1カ月分
	契約金	円	保証金または敷金・礼金(家賃の6～12カ月分が目安)
	不動産仲介手数料	円	家賃1カ月分が目安
	造作譲渡料	円	居抜き物件の場合のみ必要
内装・設備工事費	内外装費	円	坪単価で比較してみる
	設備工事	円	電気、ガス、水道、空調など
	電話工事	円	
	厨房機器	円	冷蔵庫、コンロ、オーブンなど
備品・消耗品費	家具	円	テーブル、イス、棚など
	インテリア	円	照明器具など
	音響設備	円	CD・レコードなど
	消耗品	円	紙ナプキン、トイレットペーパーなど
	レジスター	円	必要とする場合は購入
その他諸費用	仕入れ	円	酒、料理の材料費
	制作費	円	ショップカード、メニューなど
	チラシ・宣伝費	円	
	求人募集費	円	スタッフを雇う場合
	運転資金	円	お店を維持するために貯えておく資金
	合計	円	

店主の給料はどう設定するの？

お店を経営していくうえで、月々の売り上げから自分の給料をどう捻出すればいいか迷ってしまう店主も少なくない。

スタッフの給与は月給や日給、時給などで支給するため固定費として考えることができるが、店主の給与は毎月変動するもの。売り上げの何%を給与にあてるよりも、運転資金や従業員の給与などを差し引いた額が店主の給料になると考えたほうがいいだろう。

また、翌月の売り上げ予測を立てて、給与を調整することも大切だ。季節によって集客数は変化するので、たとえ売り上げが多い月があっても、その翌月が少ないと予想される場合、当然給与を抑えることが必要となる。

開業して数カ月間は、給与ゼロが続くことも覚悟しておいたほうがいいだろう。

開業資金を補うために融資や助成制度を利用しよう

すべて自己資金でまかないたいが、預金残高が不足している。銀行も相手にしてくれない——そんな悩みは誰もがもっている。そこで利用したいのが、国民生活金融公庫やハローワーク。お店の開業をめざす人にとって、またとない頼りになる存在だ。

国民生活金融公庫や公的機関の融資制度に注目！

すべての人が開業資金を、自分だけでまかなえるわけではありません。足りないぶんは融資制度を利用するのも1つの手です。

たとえば、政府系金融機関の国民生活金融公庫は全国に店舗を構え、幅広い融資を行っています。新規開業者向けの制度は「新創業融資制度」と「新規開業資金」。とくに前者は条件さえ満たせば担保・保証人が不要で、注目したい制度の1つ。各制度の詳細は国民生活金融公庫のホームページで確認してください。

また、都道府県や市町村などの地方自治体にも開業資金の融資制度が設けられています。東京都の場合は「創業支援融資制度」、大阪府は「開業資金保証」など、地域ごとに呼び名は変わりますが、無担保、保証人不要の融資制度は利用価値も大きいでしょう。

ハローワークが窓口の開業者向け助成金も

ハローワークが窓口の「受給資格者創業支援助成金」もあります。これは失業後、雇用保険受給期間中に起業した際に支給される助成金です。条件としては、①雇用保険の受給者が自ら創業し、事業主となること。②前の会社を退職するまでに5年以上、雇用保険に加入していたこと。③お店設立の前日までに「法人等設立事前届」をハローワークに提出すること。④お店の設立日から3カ月以上事業を行っていること、などが挙げられます。

とくに注意したいのは、設立後ではなく、必ず設立前に申請する点。助成金の額は創業後3カ月以内に支払った経費の3分の1で、支給上限が200万円になります。

失業保険をすべてもらってしまうと、無効になることもあるので、くわしくは最寄りのハローワークに問い合わせてください。

■ホームページにアクセス

融資制度を利用する際の条件や、定期的に見直される金利などについてはホームページで確認してみよう。新創業融資制度は平成19年3月31日まで、新規開業資金は平成24年3月31日までの取り扱い期間なので注意。

・国民生活金融公庫
http://www.kokukin.go.jp/
・ハローワーク
（公共職業安定所）
http://www.hellowork.go.jp/

人気店の実例に見る！　資金調達の方法

VANILLA BEANS

開業資金＝共同出資額×3

開業当初は友人3人との共同経営。開業資金は3分の1ずつをそれぞれ調達することに決めた。中村さんは大学卒業後、8カ月のサラリーマン生活を経て、お店をオープンしたが、当然実績もなく、自己資金も少ない。銀行からの融資も考えたが、審査条件が厳しく借り入れできなかった。

「親戚に借りるしかなかったですね。無利子という点はありがたいです。それに共同経営者と資金を分担できたのは本当に助かりました」

実績がない場合には、身内から借りるのも1つの手だ。

オーナーの中村さん

方舟

開業資金＝自己資金＋公的融資

原さんは、自己資金1,500万円で株式会社を設立した後に、国民生活金融公庫や地方自治体の創業ベンチャー促進資金融資などで融資を受けた。

その際、自己資金以上の金額を借り入れるために、約100ページにも及ぶ事業計画書を作成。その結果、2,500万円もの借り入れができた。

店舗経営のしっかりとしたビジョンをもち、具体的な事業計画を立て、それを証明することで、融資に成功。もちろん、申請先を説得するだけの売り上げ見込みも提示することが大切だ。

オーナーの原さん

開業時に利用できる国民生活金融公庫の融資制度

	使い道	融資額	返済期間
新規開業資金	運転資金	4,800万円以内	5年以内（特に必要な場合は7年以内）
	設備資金	7,200万円以内	15年以内
新創業融資制度	開業時または開業後に必要となる事業資金	750万円以内	運転資金5年以内
			設備資金7年以内

※利用条件や利率などの詳細は、国民生活金融公庫のHPで確認してください

融資利用の流れ〈国民生活金融公庫の場合〉

1 支店へ出向き相談

全国に152店舗の支店を構えているので、幅広い地域の人が利用できる。最寄りの支店で返済期間や利率などについて相談しよう。

2 申し込み

借入申込書、開業計画書など、必要書類を用意して融資の申し込みを行う。

3 面談

事業計画などについて面談。店舗を開業するための資料や資産、負債のわかる書類を準備する。ときには店舗を訪ねられることも。

4 融資決定

面談によって融資が決定すると必要書類が届く。手続き完了後、指定の口座などに融資金が振り込まれる。

5 返済

月払いが基本。元金均等返済、元利均等返済などの返済方法がある。

長く続けるにはスタートが大事！運転資金について考えてみよう

開業資金が準備できたとしても、いざお店を開いたとき、運転資金が十分になければ毎日の営業を続けることはできない。酒や食材の仕入れに、急に現金が必要になることもあれば、思わぬトラブルが発生することも。お店をはじめるには備えも必要だ。

お店を続けるには運転資金が欠かせない

開業時にかかる費用も大事ですが、お店を運営するためには、運転資金が毎日必要になることを忘れてはいけません。

運転資金には、人件費や家賃、光熱費、仕入れ費、通信費など、営業諸費用のほか、借り入れがある場合は、その返済費も含まれます。

つまり運転資金とはお店を維持していくためのお金のことを指します。光熱費や通信費などの変動費は節約などで調整できても、人件費や家賃などの固定費は売り上げが悪化しても一定額を支払わなければなりません。ですから、1カ月あたりの必要額をあらかじめ計算しておく必要があります。

また、「次はこの料理を出したい」「この食材を仕入れよう」といった新たなメニューを開発するときなどにも運転資金が生かせるはず。

このようにお店をよりよくするための余分な貯えとしても、残しておくべきお金です。

開業当初に予想できないトラブルが生じることも

開業したばかりのときには思わぬ出費が発生しがちです。たとえばエアコンや換気の状態が悪い、騒音や悪臭がひどいなど、オープンして2～3年で修理が必要になることも。

とくに地下で開業する場合は、空調設備に注意が必要です。お客さまを入れて営業してみないことには空気の流れはつかみづらく、タバコの煙が予想以上にこもってしまうことがあります。また居抜きで安く借りた物件も、短期間で厨房設備などに故障が生じ、すぐに修理が必要ということも。

そのほか、グラスや食器などが割れたり、スタッフを増員する必要が生じるなど、当初は予想できない出費があるので、運転資金はできるだけ多いほうがいいでしょう。

■固定費と変動費

家賃や人件費など、毎月決まった金額の支出を固定費と呼ぶのに対し、電気・ガス・水道などの光熱費や仕入れ費、トイレットペーパーなどの消耗品代など、月ごとに変わってくる支出のことを変動費という。

固定費の大きなウエイトを占める家賃は、一般に月の売り上げの10～15％をあてるのが常識といわれている。

1カ月あたりにかかる費用はいくら？

	夫婦2人の居酒屋（郊外）	項目・備考	従業員7人の居酒屋（都心）
固定費	私鉄沿線の郊外　居抜き物件　8坪 200,000円	家賃	都心のビルB1F　22坪 380,000円
	ガスコンロ3口、冷蔵庫1台、ショーケース1台 80,000円	光熱費	ガスコンロ5口、冷蔵庫1台、ショーケース3台 120,000円
	夫婦2人、繁忙期のみアルバイト1人 150,000円	人件費	正社員2人、アルバイト5人 1,000,000円
固定費合計	430,000円		1,500,000円
変動費	125,000円	仕入れ費 （酒、料理の素材など）	1,200,000円
	50,000円	雑費・消耗品 （ペン、トイレットペーパー、洗剤など）	200,000円
	100,000円	保険料・税金	200,000円
	0円	宣伝費 （DMなどをお客さまに送る月に限り）	50,000円
変動費合計	275,000円		1,650,000円
合計	705,000円		3,150,000円

ATTENTION!

- **保険料・税金は見落としがちなので注意。**
- **仕入れすぎ、つくりすぎなど、ロスが発生しないように意識する。**
- **洗剤やトイレットペーパーなどが、どのくらいの頻度でなくなるかをチェック。**

手づくりしたために思わぬ出費が発生？

「VANILLA BEANS」（42ページ）では開業当初、壁や床、テーブル、イスなど、手づくりで統一していたが、開業後2年ほどで家具は既成品に買い換えるというロスが発生！

　その理由は、自作の家具が「みすぼらしくなってしまったから」。プロが設計したものとは違い、素人が手がけると、釘の打ち方が微妙に曲がっていたり、ゆがみが出てしまうことも多い。その結果、買い直すことに。

「開業後2〜3年までは、営業しながら問題に気づくことも多い」と店主の中村さんはいう。運転資金には余裕をもち、ムリのないお店づくりを考えたいものだ。

より多くの利益を上げるには何が必要か考えよう

居酒屋のメニューには、いわゆる定番商品と季節のお勧め品がある。そこで、どのメニューの売り上げが高いのかを把握するとともに、原価についても知っておこう。価格の異なるメニューをうまく組み合わせ、お店全体の利益が上がるような工夫が必要だ。

利益として残るお金はメニューのバランスから

注文数の多い人気メニューは当然、売り上げが高くなります。しかし、材料の仕入れ値が高ければ、利益として残るお金は少なくなりますが、お客さまに「値ごろ感」を与えることができるかもしれません。

一般に居酒屋では、売り上げを伸ばすためのメニューと、お客さまへのサービスともいえるメニューのバランスを考えることが大事。サービスしたぶんは、注文の多いメニューでカバーできるからです。

また料理にかかる材料費（原価）について知っておくことも大切になります。たとえば、300円のデザートを10個仕入れ、600円で8個売れたとすると、売上高は4800円。そのときの原価は3000円ではなく、8個ぶんの2400円となります。売れ残りの600円ぶんは保存のきくものなら在庫として管理できるでしょうが、そうでなければ費用のロスになってしまいます。

メニュー全体の原価を一定に保とう

このように利益を上げるには売り上げを高くすることはもちろん、売上高に対する原価をほぼ一定に保つなどの管理が大切です。たとえば、「コロッケにつけるキャベツは○グラム」と決めたら、必ずそれを守って調理することです。原価は仕入れでムダが出ないよう、経費の管理をするための目安になるのです。

簡単な管理法としては、全体のメニューの売上構成比から標準原価率を求め、その数値と実質の原価率から、仕入れ値に問題がないか検討します。

利益を着実に上げるには原価が高くなりすぎないことが大切ですが、原価が多少高くなってもほかのお店で安く出しているようなメニューなら、値ごろ感を出すためにも価格は抑える工夫も必要になります。

■大手はPOSシステムを導入
居酒屋に限らず、大手チェーンの飲食店などでよく導入されているのがPOSシステム。「販売時点管理」などとも訳される。お客さまの注文をボタン1つで厨房に伝えたり、伝票に印字したりできるシステムで、どのメニューが売れたかを記録するだけでなく、その集計結果を食材管理や新メニュー開発に生かすのにも用いられる。

原価率を管理してロスをなくそう

1カ月あたりの各メニューの売り上げと原価を計算してみよう。お客さまが注文しやすいお値打ち品から、粗利の高いものまで多彩にそろえること。原価率の違う商品をうまく組み合わせることで、売上げアップに役立つはず。パソコンを使い、専用ソフトで管理すると簡単だ。

<1カ月あたりの原価は?>

一品あたり原価			メニュー		売り上げ		
売値	原価	原価率	品数	料理名	販売数	売上	原価
150	50	33.3%	10	焼き鳥	1,200	180,000	60,000
350	100	28.6%	5	サラダ	100	35,000	10,000
450	130	28.9%	8	揚げ物	350	157,500	45,500

原価率＝原価÷売値

売れ残ったぶんの在庫は、毎月の「棚卸し」(在庫商品の数量を把握すること)で実質の原価を求めること。ちなみに飲食店の平均原価率は30～35%くらいといわれている。

売上高＝販売数×売値

お店を維持するには、家賃や光熱費、人件費などがかかる。これらを「粗利」(売上総利益＝売上高－原価)から引いた残りが利益となる。

エリアの価格相場も参考にしよう

周辺の競合店に足を運び、価格と質の相場をチェック。売れ筋メニューの価格を、自分のお店で出すメニュー価格の参考にしよう。ある程度の売り上げが予想できるとともに、ニーズからかけ離れる心配がないだろう。また、競合店の価格を知れば、簡単には値上げできないこともわかるはず。原価率が高くならないように注意が必要だ。

売り上げ分析 02

毎月必要なお金は「固定費＋変動費」が基本

お店をはじめるとなると、誰もが売り上げばかりに目を奪われがちだが、そのすべてが利益になるわけではない。お店を維持するために必要なお金には何があるか？ また、少しでもムダをなくすような努力も必要になってくるのだ。

固定費と変動費から売り上げを予測

お店を維持するには、まず売り上げ予測を立てて、毎月どれだけのお金が必要になるかを知ることが大事になります。

家賃や支払利息などの、毎月発生する「固定費」と、仕入れや材料費などの売り上げに比例して発生する「変動費」の2つの費用を計算して、売り上げを予測してみましょう。

「固定費＋変動費」は、売上高よりつねに多くないと経営が成り立ちません。たとえば、1カ月あたりの固定費が50万円、変動費が30万円とすると、利益を出すには80万円以上を売り上げることが必要です。1カ月に25日の営業と考えると、1日に少なくとも3万2千円以上の売り上げが必須ですが、もちろんこの売上高では利益が出ません。この額を上回るぶんがお店の利益になってきます。

立地条件や客層からメニューを考え直すことも

ある居酒屋店主は、ファミリー層中心の地域で開業しましたが、その後、サワーやカクテルの種類を増やしました。ファミリー層の場合、外食の主導権は主婦が握ることがほとんど。そこで、女性に好まれるカクテルやサワーなど、軽めのアルコール類を数多く用意。子ども連れの来店も考え、たこ焼きなどのメニューもそろえたところ、売り上げを予想通りアップさせることができました。

また、サラリーマン層中心の立地にオープンしたある居酒屋では、夜10時以降にも客足が衰えないことから、思い切って深夜まで営業時間を延ばしたところ、退勤時間の遅いお客さまが来店するようになり、売り上げが伸びたといいます。

開業時には売り上げ予測を高く見積もりがちですが、現実に即した売り上げ予測が大切です。開業後の様子を見ながら、どんな方向修正が可能か検討しましょう。

■エリアのニーズを把握

お客さまが何を求めているかを知るには、まず出店エリアにある競合店を知ることだ。人気メニューには何があるか、どんな接客サービスをしているかなどを、自分の目で確かめることで確実な情報が手に入る。

そのほか、エリア情報誌や個人のブログ、資金に余裕があるならコンサルティング会社を利用する手もある。

光熱費のムダを省く参考例

飲食店のコストで大半を占めるのが原材料費と人件費。その点、光熱費は軽視されがちだが、ムダな出費はバカにできない。こまめに節約する方法についても知っておきたい。

エアコンなどのフィルターは頻繁に清掃

電気を一番消耗するといわれるのがエアコンなどの冷暖房機器。フィルターをこまめに清掃すれば、夏は微風の設定でも適度に涼しく、冬も設定温度を上げすぎずにすむ。また、エアコンの前にさえぎるものをおくと温風や冷風が行き渡らないので注意。

中古の電気製品には注意

とくに居抜き物件で注意したい点だが、古い電気製品をそのまま使用しないこと。最新の電気製品は10年前とくらべて省エネ仕様のものが多く、電気代が半額以下になることも。消費電力量などをきちんとチェックしてから購入しよう。

電気製品のスイッチをこまめにON/OFF

基本的なことだが、使っていない電気製品のスイッチはこまめに切り替えることでエネルギー消費を抑えられる。厨房機器なども使用していないときは、OFFにするだけでなく、プラグを抜いておくと省エネに。

冷蔵庫を上手に使う

頻繁に開け閉めするほど、消費電力量が高くなるので、使う食材はまとめて取り出そう。扉を開けている時間も短めに。熱いものは冷ましてから入れるのもポイントだ。冷蔵庫本体は、壁から10センチ離せば、熱気を逃がしやすくなり、長持ちさせることもできる。

省エネ型、省エネ機能つきの機器の利用

節水用シャワー水栓や、トイレの水圧を維持しながら排水量を抑える備品など、2,000～10,000円程度で購入できる省エネ器具を備えるのがお勧め。購入時の費用は高くつくが、長い目で見て、省エネ型エアコンなどを購入する手もある。

電気器具や調理機器のメンテナンスを行う

顧客数や売り上げ、メニューがほとんど変わっていないのに、水道代や電気代が大幅に増加していたら、各調理機器や空調機器が正しく作動していない可能性も。メンテナンスを定期的に行えば、省エネだけでなく、営業中のトラブルを防ぐこともできる。

従業員やアルバイトにも光熱費節約の指導を

いくら店主が光熱費の節約に励んでも、スタッフに省エネ意識がなければ不十分だ。「営業終了後はプラグを抜くこと」「冷蔵庫の開閉時間は短く」など、具体的なポイントを示しながら徹底指導し、節約を心がけさせること。控え室にチェック表などを張っておくのもいい。

さらに、光熱費節約でできたお金は、従業員の給料に少し加算するなど、スタッフ自ら、やる気を起こさせるようなシステムを考案すると効果が上がる。多額のお金ではなくても、「ちょっとしたご褒美」程度でも渡すことで、光熱費を節約したい気持ちが伝わるだろう。

人気居酒屋・蔵出しケーススタディ part 3

居酒屋を経営するなら知っておきたい常識集

居酒屋を経営するうえでは、近隣とのつき合いや騒音対策、
さらにクレンリネスの徹底など、欠かせない常識がたくさんある。
お店の売り上げを追求するだけでなく、未然にトラブルを防ぐ方策や、
自分の体調にも気を配りながら、お店を維持していかねばならない。

お店を清潔に「衛生管理」を徹底！

飲食店では清潔感を保つことが基本。床や壁、ガラス、テーブル、食器類、トイレの掃除などはもちろん、見落としがちな看板、メニューブック、ドアノブなども日ごろからキレイにしておきましょう。

目立たないところでは冷蔵庫の取手やガスコンロのつまみなどを頻繁に拭くことも大切。食材を手にするときに触れることが多く、清潔な状態が保たれていないと食中毒を引き起こす可能性も。

休憩室や厨房など、お客さまから見えない部分もつねに整理整頓し、普段から清潔感を心がけることです。

お客さまの「迷惑行為」はきちんと注意すること

居酒屋では、酔っぱらってしまうお客さまも少なくありません。ほかのお客さまに絡んだり、暴力をふるうなど、明らかに周囲の迷惑になる場合は、丁寧な口調でしっかり注意しましょう。携帯電話で大声で話をするお客さまなども同様です。

また、学生集団の飲み会などでは、未成年を偽わって飲酒するお客さまも。疑わしいときは、代表者だけでなく、グループ全員の身分証明書を見せてもらうようにしましょう。未成年に酒を飲ませると、お店側も法律で罰せられます。

「周辺住民や近隣」に迷惑をかけない

当然のことですが、まず開業時の挨拶回りや普段の挨拶は必ずしましょう。隣人だけでなく、その地域の町内会の会長などにも挨拶をしておくと、お店が運営しやすくなります。

また、調理中の臭いや煙が迷惑になることもあります。あまりひどいようなら大型の排気ダクトを設置し、周辺住民に被害が及ばないようにしたいところです。そのほか、ゴミ出しの曜日はしっかり守る、看板が風で倒れていないかなどにも気をつけ、近隣住民の理解を得ましょう。

「騒音対策」を忘れないように

繁華街ならともかく、住宅に隣接している場合は、騒音対策にも気を配りましょう。たとえばグループで来店したお客さまが、帰り際に店頭で騒いでいると近所迷惑になります。

お客さまがお店を出たあとのケアも考え、しっかり注意することが大切です。また、店内でBGMを流すときには、音漏れしていないかチェックしてみましょう。CDによって、音の大きさが変わるので、入れ替えるときに音量を調節しましょう。

お客さまの要望に耳を傾けよう

メニューに載っていない酒を注文されたときも、できる限り融通を利かせて提供することが基本です。「アルコールを抑えたカクテルに」「ソーダ割りのカクテルをオレンジジュース割りにできないか」などというときも、厨房にあるものでまかなえる場合はできるだけ対応しましょう。

お客さまの些細な行動から、何を要求しているのか察する姿勢も必要です。たとえばお客さまが腕をさすっていたら、冷房が効きすぎているかもしれません。何気ない行動もさり気なくチェックしましょう。

「公平な接客」を心がけること

開業から数カ月もすれば、常連客ができることも。味の好みも自然とわかってくるため、多少アレンジして料理を出すと喜ばれるかもしれません。常連客が裏メニューを注文するのを見て、「同じものを注文したい」というお客さまがいれば、もちろん同じ対応を取ったほうがいいでしょう。

また、会話をしたがるお客さまと、1人で静かに飲みたいお客さまとの接客方法を変えるのはいいのですが、「酒の度数はキツくなかったか」など、気遣いの言葉は同じようにかけることです。

定期的に休むなど「体調管理」をしよう

立ち仕事のうえに、接客などで神経も使うとあって、体力、精神力ともに消耗します。オープン当初は途中休憩も入れずに働きがちですが、1人で営業する場合はムリをせずに、週1日は休むなど、体調を整えましょう。スタッフが何人かいる場合は、お店を営業しながら自分の休みをしっかり取ることが重要です。

店内はタバコの煙が蔓延していたりと空気が悪く、体調も崩しがち。帰宅後はきちんと手洗いやうがいをし、病院の定期検診などにも足を運びましょう。

開業に必要な手続き＆税金と保険制度を確認しよう

お店を開業するときには、さまざまな書類を各機関に届け出なければならない。個人と法人で提出書類や加入する保険が変わるので、面倒な作業でも、漏れのないようにきちんとチェックしよう。

保健所や税務署をはじめ手続きする機関もさまざま

居酒屋を開業する場合、さまざまな書類を届け出なければなりません。提出期限が決められているので、開業時期に合わせて用意しましょう。

まず必要になるのは食品営業許可です。営業許可申請書や設備の大要と配置図を、竣工あるいはオープンの10日~2週間前に、営業場所の管轄地域の保健所まで提出します。申請には食品衛生責任者の資格が必要です。また、深夜12時をすぎて酒を提供する場合には、深夜酒類提供飲食店営業開始届出書を警察署に提出します。

そのほか、個人事業主として確定申告をするには、開業日から1カ月以内に開業届を税務署に提出。青色申告を希望する場合は「青色申告承認申請書」を開業日から2カ月以内に、従業員を雇う場合は「給与支払事務所等の開設届出書」を開業日から1カ月以内に提出します。

スタッフを雇用する場合加入する保険もいろいろ

また、社会保険に加入手続きする際は、個人事業の場合、国民健康保険と国民年金の手続きを市区町村ですませればOK。法人では、1人でもスタッフを雇うと健康保険と厚生年金の加入が義務づけられています。ただし、個人事業者であっても、スタッフを常時5人以上雇用している場合は強制適用されます。

さらに法人になると労働保険関係の手続きも必要。1人でも従業員を雇った場合、採用日から10日以内に労働者災害補償保険（労災保険）の手続きを労働基準監督署で行わなければなりません。この保険は、スタッフが勤務時間内や通勤途中のケガや災害にあったときに給付されます。

お店が倒産した際、従業員に一定期間の所得を補償する雇用保険に加入するには、ハローワークで採用日から10日以内の手続きが必要です。

■食品衛生責任者
飲食店経営などにあたり、衛生面での自主管理を目的に、営業許可とともに必ず必要になる資格。スタッフの衛生教育、施設や設備機器の管理などを行う。
栄養士、調理師などの有資格者は、そのまま食品衛生責任者になれるが、そうでない場合は、養成講習会の受講で取得できる。

■青色申告
事業所得や不動産所得、山林所得を生じる人が、毎日の経費や収入を一定の要件を満たした帳簿に記入する。それに基づき、青色の書類で申告し、多くの特典を受けられる制度。

開業時に必要な届出先と書類

届出先	提出する書類
保健所	営業許可申請書、設備の大要・配置図（各2通）、食品衛生責任者の資格を証明するもの（「食品衛生責任者」の資格は、保健所や食品衛生協会で開催する講習会を1日受講すると取得可能）、申請手数料 ※原水が井戸水や貯水槽の水を使用している場合、上記にプラス「水質検査成績書」が必要 ※法人で申請する場合は、上記にプラスして「法人登記簿謄本」が必要
税務署	個人事業の開廃業等届出書、所得税の青色申告承認申請書（青色申告を希望する場合）、青色事業専従者給与に関する届出書（家族を従業員として雇う場合）、給与支払事務所等の開設届出書（従業員を雇う場合に必要。開業日から1カ月以内に提出） ※いずれも個人事業として営業する場合
消防署	防火対象物使用開始届出書 防火対象物の案内図、配置図、平面図 消化器や避難器具などの配置図 ※いずれも、通常は施工業者が提出する
警察署 （各公安委員会）	深夜酒類提供飲食店営業開始届出書（深夜12:00～日の出までの時間帯に酒類を提供する場合）

支払う税金

個人として事業を展開する場合	**所得税** 店の所得に課される国税	**個人住民税** 道府県民税（および都民税）や市町村民税（および特別区民税）。所得や地域により異なる	**個人事業税** 事業によって得る所得金額または収入金額を課税標準として課される道府県民税（および都民税）
法人として事業を展開する場合	**法人税** 法人の所得などに課される国税	**法人住民税** 法人に対する道府県民税（および都民税）や市町村民税（および特別区民税）	**法人事業税** 法人が行う事業に対して課される道府県民税（および都民税）

民間の保険もしっかりチェック

居酒屋を経営していると、思わぬトラブルを起こしてしまうことがある。

たとえば、お客さまの衣服にドリンクをこぼしてしまったときのクリーニング代や弁償代、什器や備品の盗難、火事や出水などの災害、設備の損害など、予期せぬトラブルで多額な出費が必要となることも。

こんなときに便利なのが飲食店向けの保険がセットになった「店舗総合保険（保険会社により呼び名は異なる）」。前記のようなトラブルが発生したときに役立つうれしい保険だ。

ただし、保険会社によってプランの詳細は異なるので、料金や内容をチェックして、自分の希望に合った保険に入るのが大切だ。

C O L U M N

防火管理、臭いへの配慮など、居酒屋は地域社会に果たす責任も重い

開業時に必要な資格や、提出する書類は予想外に多い。
お店によっては消防法に基づき、防火管理者をおくことも必要に。
また首都圏で苦情が増加している、悪臭に関する条例も
各地域で定められているので要チェックだ。

30名以上を収容するお店では「防火管理者」の資格取得が必要

居酒屋でなくても厨房でガスや火を使うことの多い飲食店経営は、防火への高い意識が欠かせません。日ごろから放火点検や管理についても心がけたいものです。とくに万一の際に甚大な被害を出さないよう、非常口を確保できていることが大切です。

2003年10月に改正された消防法では、消防設備の新たな設定基準が追加されました。収容人数30名以上の特定防火対象物（飲食店や百貨店など不特定多数の人が出入りする建物）で営業する場合は、防火管理者を1名以上選任しなければいけないと定められています。

また、複数のテナントが入る商業ビルの場合はビル内に防火管理者がいれば、すべてのテナントに必要ではありませんが、お店とビルのオーナーとの連絡役となる防火担当者が必要になることもあります。

ちなみに、防火管理者をおく制度は、火災発生の防止と火災の被害を最小限にとどめるために設定されたもので、消防計画書の作成や消火、通報および避難訓練の実施、火気の使用、または取り扱いに関する監督などをする役割があります。ただし、お店のスタッフなら誰でもなれるわけではなく、店主や店長など、管理者として権限を有する人に限られます（所轄の消防署などで開催する防火に関する講習を受講すれば簡単に取得できます）。

そのほか、店舗の大きさによっては、自動火災報知設備の設置を義務づけられるので、開業前は所轄の消防署に相談し、提出書類や届出書について確認しましょう。

「悪臭防止法」に要注意！不快な臭いに配慮しよう

料理をつくるときの臭いが店外に漏れると、通行人の食欲をそそることもありますが、油やニンニクを使う場合など、周囲に不快感を与えることが多いので注意が必要です。

首都圏では、飲食店からの排気に含まれる臭気の苦情が相次いでおり、ここ数年で月間十数件から約40～50件へと増加傾向にあります。なかでも焼肉、うなぎ、ラーメンなど、クセのある料理を扱うお店に多くなっています。

各地方自治体では、悪臭防止法やにおい条例などの名称で、悪臭を規制する条例を設けています。内容も自治体によって変わるものの、その多くは建物の構造や換気用フードの吸引方法について注意を呼びかけています。

ときには、営業中にお店の外に出て、周囲に不快な臭いが漂っていないか確認してみるといいでしょう。もし臭いがキツイと感じたら、排気ダクトの導入なども考慮してみることです。

ココを押さえておこう

- 防火について日ごろから意識を高めよう
- 防火管理者は、お店全体の防火管理を監督
- 防臭対策をしていないと条例違反になることも

第5章

お客さまに「もう一度来たい!」といわせるために

オープン直前!これだけはやっておこう

オープンが迫ってきたら、
あとは、いざ本番に備えて練習を
積み重ねていきます。できたつもり、
覚えたつもりは通用しません。
満員になっても慌てない冷静さや
細かなところにも目が届く注意力、
スタッフ同士の連携プレーも必要です。
お店のファンを増やすには、
まずスタートが大事です。

居心地のよさについて

何度も訪れたくなる居心地のいい居酒屋とは

何度も足を運んでくれるお客さまがたくさんいる居酒屋には、必ずおいしい酒と料理、そして人と人とのふれあいがある。居心地のよさは、そこでしか味わえないから価値がある。あなたは居酒屋のどんなところに居心地のよさを感じるだろう。

小さな居酒屋は居心地のよさが大事

味と値段の安さで居酒屋を選ぶなら、大手チェーン店が安心という人は少なくないかもしれません。カウンターとテーブル席だけでなく、個室をいくつも設けるなど、大勢で楽しく過ごすには向いているでしょう。

しかし、小さな居酒屋には小さいながらの強みがあります。それは、まず店主の顔が見えるという点ではないでしょうか。1人で訪れても親しく話せる相手に困りませんし、反対に会話がなくても気持ちで通じるところがあります。

ですから、1人ひとりのお客さまとのやりとりでは気をきかせたいもの。たとえば「燗上がりのする酒をください」「この料理を半分にできますか?」といった注文があったときなど、お客さまの立場になって対応すると、やはり好感をもたれます。

大手チェーン店のマニュアルにはない居心地のよさは、小さなお店ならでは。お勧めの酒をそろえるだけでなく、そのなかから好みに合ったものを探してくれるきき酒師や焼酎アドバイザーの資格をもつスタッフも目立つようになっています。

お店の雰囲気やテーマなど全体のつくりも重要

ここ数年は昭和30年代風の、どこか懐かしさを漂わせるお店づくりが人気です。ほかにもカフェの味つけをしてみたり、隠れ家風にするなど、テーマ性のあるお店づくりが増えています。そこにいるだけで楽しめるような雰囲気は、居酒屋以外にも参考になるお店がありそうです。

また、広めの物件ならば、カウンターのほかに小上がりやテーブル、テラス席を設けるなど、お客さまの人数や好みによって選べるようにしてもいいかもしれません。大切なのは、お客さまとほどよい距離を取りながらも、安らいでもらえるお店づくりを考えることです。

■実店舗ならではの魅力を

希少な酒や珍しい食材を、個人で取り寄せようと思っても不可能ではない。

そのうえで居酒屋に行く人が絶えないのは、やはり実店舗でしか味わえない魅力があるから。少しぐらい高くても、本当に満足したお客さまはまた来たくなるものなのだ。

居心地のいい居酒屋とは

清潔感

たとえば…
- 床のゴミや壁の汚れ
- テーブルや取り皿の汚れ
- スタッフの服装、髪型
- 厨房、排気の臭い

メニュー

たとえば…
- コンセプトに沿った品ぞろえ
- 酒と料理の相性のよさ
- 旬のもの、お勧め品などの提案
- 定期的な新メニューの開発

照明・音楽

たとえば…
- 料理を引き立てる照明
- 明るさで雰囲気を演出
- こだわりのBGM
- うるさすぎない

囲炉裏料理が中心のため、大型の排気ダクトを装備。女性トイレのアメニティも充実。「方舟」（P024）

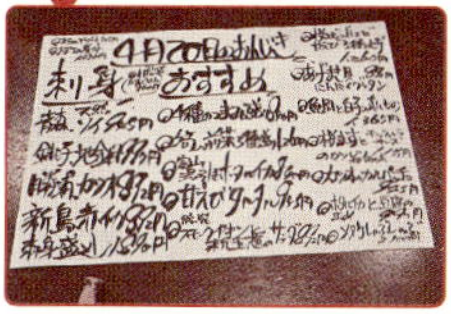

店主自ら市場で食材を仕入れたり、スタッフを交えてメニューを開発。「やまだや」（P018）

暗めの照明にキャンドルの灯がゆれ、落ち着いた雰囲気を演出。「VANNILA BEANS」（P042）

これが「居心地のよさ」のポイント

レイアウト

たとえば…
- 隣同士、肩が触れない
- 他人と目線が交わらない
- 客席からトイレなどへの移動しやすさ

広めの店内に、インテリアはゆとりをもったレイアウトに。「宮崎焼酎カフェ 弦月」（P060）

古い建物を、店主の感性で意外性のあるユニークなお店につくり変えた。「ウサヤ デ タパス」（P036）

内装・インテリア

たとえば…
- 落ち着ける雰囲気
- コンセプトが明確
- 統一感がある。意外性がある
- 酒や料理に合っている

価格

たとえば…
- とにかく安い
- お値打ち感のある値段
- 周辺の相場とかけ離れていない
- 雰囲気や味に見合った適正価格

500円と800円の料理が中心で、豊富なメニューから選びやすい。「ラ・フォルナーチェ」（P066）

女性にも安心して飲んでもらおうと、酔っ払いなどには厳しく対応。「うたかた」（P030）

接客

たとえば…
- 明るく丁寧
- 酒や料理の知識が豊富
- お客さまとのほどよい距離感
- 女性を意識した雰囲気づくり

座席スタイルに見る心地よさのポイント

立ち飲み	カウンターの高さは、肘をついたときにムリがないか、などの面から考慮。スタンディングテーブルは数を欲張らず、空間に余裕をもって設置。
カウンター席	座席間の広さ、イスを引いたときの通路の幅はある程度ほしい。また、カウンタートップの奥行きは、料理が何品か並べられるサイズが望ましい。
テーブル席	壁側の席をつくりつけのソファにすれば、座席幅の広さと落ち着き感を演出できる。イスとテーブルの間は、足が組める程度の広さがほしい。
座敷、小上がり席	畳や座布団などで、座り心地を快適に。テーブル間は、背中同士がぶつからず、1人が歩ける程度の間隔を。すだれなどの間仕切りで半独立感覚も。

実践的アドバイス part3

居酒屋流

お客さまを満足させる接客術をマスターしよう

酒や料理を出すだけが接客ではない。お客さまの心に好印象を残すには、
気持ちのいい応対、さり気ない心遣いや会話など、
細かな1つひとつの接客で、印象が大きく変わってくる。
ここにあげたポイントを参考に、お客さまを満足させる接客を！

来店～ご案内～注文 enter ～ guide ～ order

出迎えは第一印象を決める

お客さまを「いらっしゃいませ！」と元気よくお迎えするのは、接客業の基本中の基本。ただし、元気があればいいわけではありません。立ち飲み屋なら元気ななかにも親しみやすさを、シックな日本酒居酒屋なら落ち着いた感じで、というように、あいさつにもそれぞれのお店にふさわしいスタイルがあります。大切なのは、お店のスタイルに合っているかどうか。そして心のこもった言葉として表現できるかです。

お店の状況で対応を変えない

来客時にもっとも困るのが、お店が忙しいとき。とくに1人で運営している場合、料理をつくったり酒を出したりと、出迎えがおろそかになりがちです。手が離せなくても、とりあえず待ち合い席や空いている席を勧めましょう。満席で入れない場合でも、できれば入り口まで出ていって説明すること。

席に着いている人だけがお客さまではありません。こうした際の対応も、お客さまはしっかりと見ているのです。

注文の前に説明も大事

注文を取る際は、ただ待っているだけでは、親切な接客とはいえません。何がお勧めなのか、品切れはあるかなど、できれば聞かれる前に説明しましょう。その際、「本日入荷」「どこどこで捕れた魚」などの情報を盛り込むことで、お客さまに選ぶ楽しみを与えることもできます。

品切れが出たときは、できればその時点でメニューから外すこと。いったん注文を受けてから断ると、不愉快に感じるお客さまもいます。

注文～提供　order ～ offer

注文は順番通りに

時間のかかる料理の場合、その旨をきちんと説明することで、時間や順番が遅くなっても、お客さまは納得してくれます。

しかし、たとえば同じ料理の注文が、2組からほぼ同時に入ることがあります。そんなときにはまとめて調理するかもしれませんが、注文順を無視して、厨房に近い客席から提供してはいけません。

たとえそれがわずかな差でも、お客さまに「こっちが先に頼んだのに」と思われてしまえば、接客としては失格です。忙しくても、細かな配慮をおろそかにしないようにしたいものです。

食べ方の提案はさり気なく適度に

酒や料理を提供する際には、よりおいしく味わっていただくための飲み方、食べ方を提案することも重要です。たとえば、「味がついているから醤油は使わずに」「燗をつけたほうがより華やかになりますよ」といった調子です。

もちろん「もっと塩気がほしい」「冷やで飲みたい」という好みもあり、お客さまに強制するわけにはいきません。あくまで1つの提案として、さり気なく勧めること。

飲食～会計　eat and drink ～ account

お客さまが望んでいることは？

テーブルに食べ終えた皿がいつまでもあるのは、見た目にも気分的にも愉快ではありません。もちろん食べ終えるのと同時に下げてしまうのも、いい気分はしないでしょう。

大切なのは、お客さまが何を望んでいるのか、つねに意識することです。自分の目の前のお客さまだけでなく、店内のできるだけ広い範囲にまで行き届く心配りをしたいものです。

感謝の気持ちを忘れずに

お店の第一印象は出迎え方で決まりますが、退店時の見送り方によって「また来たい」と思ってくれるかどうか変わってきます。同じような味と雰囲気のお店に行った場合、ドアの外まで見送ってくれるお店とそうでないお店では、前者のほうがよい印象として残るはず。

自分のお店を選んでもらった感謝の気持ちは、必ずお客さまに伝わるものです。形式張らず、心からの「ありがとう」という気持ちがあれば、お客さまはきっと満足して、再び来店してくれるはずです。

営業時間と定休日はどうやって決めればいいの？

居酒屋の営業時間といえば、夕方から終電前までが一般的。しかし開店や閉店を何時にするかによって、集客に差が出ることもある。ターゲットとするお客さまにたくさん来てもらうためにも、お店のスタイルや立地を考慮しながら最適な営業時間を考えよう。

スタイルや立地などからニーズの多い時間を判断

居酒屋の営業時間は意外にバラバラです。何時に開店しなければいけないという決まりはありません。たとえば立ち飲み屋、焼き鳥屋などは、午後3時くらいに開店するケースも。とくに下町の商店街などに見られ、地元の年配者や夜勤明けのタクシー運転手などを顧客にしています。

またバルやバールになると、午前中はカフェとして営業し、その後ランチタイムを経て、夜までの長い営業時間となります。ほかの洋風居酒屋でも、カフェタイムやランチタイムの需要は高く、とくに若い女性客などが多く集まる傾向があります。

夜になるとにぎわう繁華街などにあるお店では、夕方からの営業で集客は十分に見込めますが、狙いめは、深夜から朝にかけての時間帯。閉店後の飲食店のスタッフたちのニーズを見込むことが可能です。終夜営業するとなると、人材確保などの課題はありますが、営業時間で差別化を図ることもできるでしょう。

営業時間、定休日を決める大切な要素を忘れずに

酒の仕入れのために独自のルートを探したり、仕込みに時間がかかる場合などは、夕方6時〜深夜12時くらいまでの営業が多いようです。夜間の営業に備え、昼間は酒や料理の勉強にあてたりもできます。

いずれのお店の場合も、もっとも混み合うピークタイムをどこに設定するかで営業時間は変わってきます。効率的な営業をするには、お客さまの流れをつかむことが大事です。

定休日については、もちろん集客が期待できない曜日にするのが無難です。オフィス街は日曜、商店街は月曜と、一般的な曜日にするのもいいですし、体力があればしばらく無休でやってみて、お客さまが何曜日に少なくなるかを検証してから決めるというのもいいでしょう。

■ピークタイム
お店がもっとも混み合う時間帯のこと。立地によって時間はずれるが、オープン時間から2〜3時間くらいまでが一番のピークであることが多い。また終電がなくなる深夜12時過ぎや、ほかの飲食店が閉店する明け方5時ごろにもピークタイムはある。

お客さまの流れ＆スタイル別の営業時間

お客さまの流れ

17:00
オープンと同時に学生や地元の人が集まる。会社帰りのサラリーマンやOLなども来店しはじめる。

19:00～20:00
ピークタイム。このころから、帰る客と来る客が増えてくる。1店め、または2店めとしての利用者が混在。

23:00
帰るお客さまが多くなる。食事をしにやってくる残業帰りの人などもちらほら。

1:00以降
終電を逃した人たち、仕事を終えた他店の従業員などが集まってくる。

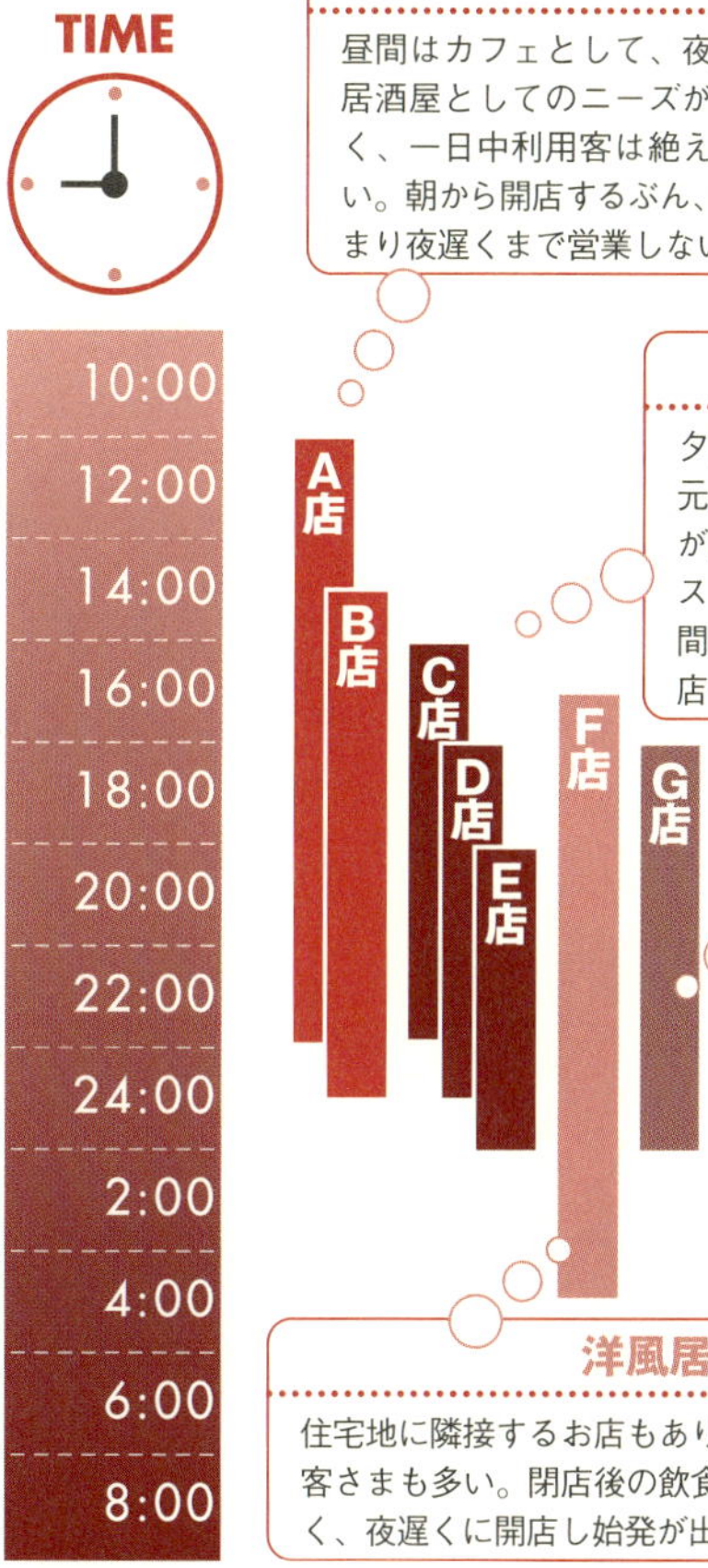
TIME
10:00
12:00
14:00
16:00
18:00
20:00
22:00
24:00
2:00
4:00
6:00
8:00
A店
B店
C店
D店
E店
F店
G店

スペインバルなど
昼間はカフェとして、夜は居酒屋としてのニーズが高く、一日中利用客は絶えない。朝から開店するぶん、あまり夜遅くまで営業しない。

一般的な居酒屋
夕方早めからの営業で、地元の人や早い帰宅時間の人が集まる。会社員のライフスタイルに合わせ、終電に間に合う時間に閉店するお店も多い。

こだわり居酒屋
昼間は自分の勉強の時間とし、夜の営業に備えている。閉店時間はおよそ深夜1～2時だが、お客さまが帰るまでと柔軟に対応するところも。

洋風居酒屋
住宅地に隣接するお店もあり、食事を兼ねて訪れるお客さまも多い。閉店後の飲食店スタッフのニーズも高く、夜遅くに開店し始発が出るまで営業するお店も。

休養することも立派な仕事の1つ

オフィス街やその近隣の居酒屋は、一般に日曜や祝日を定休日に設定している。また商店街にあるお店は月曜もしくは平日に設定していることが多い。いうまでもなくターゲットとなる客層が街に少なく、お店を開けても売り上げは期待できないからだ。

もちろん、実際にお店を開いてみないとわからない面もあり、少しでも売り上げを伸ばすために無休でがんばるという考えもある。しかし、定休日は、お客さまの有無だけで決めるものではない。

長くお店を続けるためには、まず健康であることが大切だ。休まず働けば疲れが溜まり、満足のいくサービスが提供できなくなる。そうなればお客さまはいずれ離れ、売り上げを伸ばそうとがんばってもムリが利かなくなってしまう。

定休日があれば、からだを休めることができ、翌日からの活力にもつながる。しっかり休むことも大切な仕事のうちだ。

お客さまを惹きつける店名＆看板を考えよう

お客さまが必ず最初に目にするのが、店名や看板だ。その印象によっては、集客や売り上げに影響を与えてしまうことも。道行く人が思わず足を止めてしまったり、入ってみたくなるような店名や看板にするには、どんな工夫があるのか観察してみよう。

店名でどんなお店かわかることが大事

より多くのお客さまにアピールするには、店名の果たす役目も少なくありません。そのためにもお店に名前をつける際には、じっくり考えたいもの。最近は英語を使ったり、造語を用いるなど、あまり居酒屋らしくない名前のお店も増えていますが、よほど特徴が表れていないと覚えてもらうのは難しいかもしれません。

本書で紹介した「大正ロマンカフェ居酒屋うたかた」は女将の好きな大正時代がテーマで、デザインにも一貫性があります。また、青森出身の店主が経営する「善知鳥」は、県鳥の名前を借りたもの。お店で出す料理も青森ならではのものが多く、深い愛着心を感じることができます。どちらも珍しい店名ですが、印象に残りやすい名前でもあります。

いかにお店の個性を表現するかがポイント

ユニークな店名にするのであれば、それにふさわしいコンセプトも必要ですが、焼き鳥店なら「鳥○○」、串焼き店なら「串○○」といった店名は、シンプルなだけにひと目で何のお店かわかります。ただし、同じような名前がたくさんあることから、ありきたりの店名ではおもしろくないという人も多いかもしれません。わかりやすさを狙うか、自分らしさを強調するかは店主次第です。

ただし居酒屋のお客さまにとっては、名前よりもどんなお店であるかのほうが重要であることは確か。看板に「魚料理と地酒の店」「串焼き立ち飲み」のように書き添えると、はじめてのお客さまも安心できます。

お店がどこにあるかをわかってもらうためにも、看板をおく位置は重要です。繁華街など看板があふれるなかから1つの看板を見つけるのは至難の業。色や形だけでなく、設置場所にも気を配り、遠くからでもわかるようにしましょう。

■2階以上の物件の看板

飲食店が多いビル内にある物件の場合、看板を出せるのは道路側の壁の一角であることが多い。そのため大きさと形に規定が設けられ、目立たせることは難しいことも。

1階の店舗なら置き看板でカバーすることもできるが、2階以上にあるお店にできることとしては、ガラス窓に店名やロゴを張るなどの工夫が必要となる。

特徴がひと目でわかるネーミング

方舟（P024）

「囲炉裏料理と日本酒スローフード」というお店のウリを、キャッチコピーで表した。

大正ロマンカフェ居酒屋 うたかた(P030)

店名は深紅ののれんに控えめに染め抜かれているが、統一デザインでコンセプトを表現。

ラ・フォルナーチェ（P066）

イタリアンバールならではの店名。「煉瓦づくりの焼き釜」という意味に合わせた内装に。

飲兵衛心をくすぐる看板

善知鳥（P012）

落ち着いた和の照明に浮かび上がる店名と、軒下の縄のれんは、酒好きならくぐってみたくなる。

酔壱や（P072）

酒の好きそうな店主のイメージと、大きな看板の迫力とが相まって、強い個性を感じさせる。

宮崎焼酎カフェ 弦月（P060）

一見何のお店かわかりにくいが、固定客にはかえって愛着も。宮崎からのお客さまも多い。

思わず足を止めてしまうロゴ

やさい酒場（P048）

入り口の上に大きく掲げられた店名はインパクト大。置き看板は○に「や」の1文字で、興味をそそる。

ほしかわ家（P054）

「ひもの」と書かれたのれんは思わず目を留めてしまう。入り口をビニールで覆い店内の様子をアピール。

ウサヤ デ タパス（P036）

お店独自の看板もあるが、映画撮影に使われたセットをそのまま生かしている。店内との違和感がおもしろい。

想像以上に大きい!? 赤ちょうちんの宣伝効果

居酒屋の店頭に赤ちょうちんを提げるようになった由来は定かではないが、いまとなっては誰もが知るところの居酒屋の代名詞。見つけたら思わず立ち寄りたくなってしまう飲兵衛も多いはず。

居酒屋に欠かせない理由の1つには、まず夜間でも目立つということが挙げられるだろう。それに赤ちょうちん＝居酒屋というわかりやすい認識は、ほかの飲食店にはない宣伝効果があり、遠くから見ても「居酒屋がある」と誰もがわかる。

和風のお店や気軽に入れるお店には、ぜひほしいものの1つだろう。

居酒屋流

実践的アドバイス part4

効果的な告知方法でお店をアピールするには

お店を知ってもらうには、広告や宣伝をすることも重要。
さまざまな告知方法から最適なものを選び、
立地やアクセス、そしてどんな酒が飲めるのかなど、
お店の特徴を簡潔にわかりやすく伝える方法を検討しよう。

こんなにあるPR手段

さまざまな告知方法のなかから、自分に合った方法を活用して、より多くの人にお店を知ってもらおう。

ポスティング

チラシやメニュー表は、パソコンで自作すれば、デザインも枚数も思いのまま。投函するエリアは、ターゲットになりそうな人が多いことを確認して行うのがセオリー。

新聞折り込み

広告のサイズやデザイン、枚数など比較的自由度が高い。配りたい日にちやエリアを指定することもできる。家庭に確実に届くので、数多くの人の目に触れやすい。

フリーペーパー

地域や鉄道沿線ごとに発行されているものが多く、商圏やターゲットを狙いやすい。何万〜何十万部という発行部数は魅力的だが、それだけ多くの競合店も掲載されている。

インターネット

本格的なウェブサイトでなくても、ブログなど簡単につくれるものもある。飲食店専門の検索サイトに登録したり、いろんなサイトにリンクをしてもらえれば広告効果もアップ。

あいさつ回り

近所の人にどんなお店か知ってもらういい機会。近所つき合いをしっかりすれば、いい常連客になってくれるかも。メニューや割引券などを持参して、口コミ効果も期待しよう。

看板

店頭におくだけで通行人へのアピールになる。とくに毎日メニューを書き換えられる黒板タイプは、その新鮮さが人々の興味をそそり、わざわざ足を止めて見る人も。

アクセスが楽しくなる！ ホームページ

方舟（P024）

http://www.ceory.co.jp/

メニューはもちろん、店内写真や間取り図を載せ、イメージしやすいつくり。空席案内やネット予約もでき、便利で見応えのあるページだ。店主のブログ「オーナー社長の一日」は必見！

酔壱や（P072）

http://yoiya.ifdef.jp/

自前のHPでは店内写真を多く掲載し雰囲気をアピール。オブジェを制作した作家のサイトにリンクを張るなど、周辺の情報も数多く掲載している。

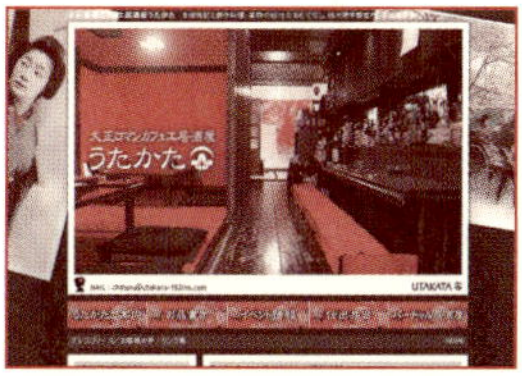

大正ロマンカフェ居酒屋うたかた（P030）

http://www.utakata-152cm.com/izakaya/

お勧めのメニューの説明が具体的でわかりやすい。イベント情報やお客さまの写真を載せるなど、楽しさが伝わってくる。女将をはじめスタッフのブログ「バーチャル居酒屋」で新入荷の酒の告知も。

持ち帰りたくなる！ ショップカード

ほしかわ家（P054）

味のある筆文字に、サッカー好きのお客さまも多いことからか（？）「サムライブルー」を基調色に。

ラ・フォルナーチェ（P066）

店名、住所、電話番号だけの、すっきりしたデザインだが、裏面にはわかりやすい地図を印刷。

やまだや（P018）

筆文字に「おんじき」の落款という、勢いのある書作品のようなイメージは、素材にこだわるお店らしい。

VANNILA BEANS（P042）

デザイン重視のカード、店内写真入りのグリーティングカードも作成している。

つい注文したくなる！ お品書き

善知鳥（P012）

いかにも居酒屋らしいお品書きが、お店の雰囲気を引き立てる。珍味系を上段、日替わり＆食事系が下段というわかりやすい配列に。

ほしかわ家（P054）

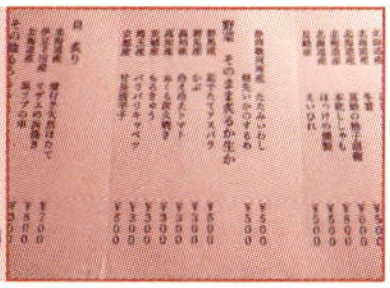

焼酎170種、料理70種という多さだが、シンプルなワープロ文字でわかりやすく分類。見やすく雰囲気の邪魔にならない。

告知にかかる費用はどれくらい？

新聞の折り込み広告の場合、全国紙の「折込料」は東京都で1枚3・3～3・4円。神奈川県では1枚3・8～4・8円。これにチラシの「制作費」をプラスした金額が折り込み広告全体の費用となる。ポイントは凝ったデザインよりも、安さやサービスなどがわかりやすいことだ。

また、ポケットティッシュはタイプがさまざまあり単純に比較できないが、4色1000部の「印刷代＋商品代」が1～3万円程度。デザイン制作も受けつけているが、別途費用がかかるので、自分でデザインしてもいい。

フリーペーパーは部数にもよるが、全国で数百万部をほこる大手紙は、18分の1ページ枠でおよそ5万円、1ページで80万円以上。もちろん、狭いエリアの小発行部数のものならもっと安くなる。

これらの料金を高いと見るか安いと見るかは人それぞれ。予算と相談しながら考えてみよう。

営業の段取りをふまえ、お客さまを迎えよう

はじめての居酒屋。いざ本番を迎えるとなると、お店が混雑したり予想外のことばかりで、パニックになってしまうことがある。予期せぬ事態に出くわしても、落ち着いて冷静に対処できるよう、事前に練習をくり返すなど、できるだけのことはやっておこう。

役割と優先順位を確認し不測の事態に備える

いざ開業してお客さまをお迎えするとなると、普段やっていることでも、つい忘れてしまうもの。不注意から問題を起こしたり、また何か起きたときにあわてないためにも、事前に対処法を決めておきましょう。

一番のポイントになるのは、お客さまが集中するピークタイムでの対応です。もちろん、それを想定しての練習が必要ですが、実際にできるようになるには経験が必要です。お客さまをお待たせするような場合でも、心のこもったフォローを忘れないこと。そしてつねにお客さまの立場になって行動することが大事です。

また、スタッフそれぞれの役割を明確にするのはもちろん、各人にプロ意識をもたせ、何があってもお客さま本意の対応をするように責任をもたせるといいでしょう。

スタッフ同士で気遣う臨機応変さも必要

また場合によっては、互いの役割を補足し合うことも大切です。たとえばフロア係が忙しいときは、厨房スタッフがカウンター注文とオーダー表への記入、ドリンクサーブまで行うといった具合です。

1人で切り盛りするお店では、厨房内の仕事に手をとられ、お客さまへの注意が行き届かないことがよくあります。お客さまを気持ちよくお迎えするのが基本ですが、フライパンを振っているようなときなど、臨機応変に対応しなければいけません。

このように一度にいくつものことが重なってしまうような際は、1つひとつの作業の意味を、お店とお客さまの両方の立場から考えてみれば、優先すべきことが判断できます。

本来、こうした対処術は、お店を続けていくうちに上手になったり、自分ならではの対処法が見つかるもの。最初からうまくできると過信してはいけません。

■優先順位とは？

たとえば、両手で料理を運んでいるときにお客さまに呼び止められても、何もできないもの。たとえ注文を取れたとしても、あまり自信がないなら、「あとでうかがいます」などと避けたほうが無難だ。

一度にいくつものことをやろうとしてミスを犯してしまっては、結局お客さまの迷惑に。自分の能力を冷静に判断し、何がお客さまにとってベストなのかを考えよう。

開店当日の流れ＆チェックポイント

オープンまで

当日あわてないように、前日までにできることはやっておく。オープン直前には万全の態勢になっているようにしよう。

（（（ 厨房 ）））

- □ 仕込みはできているか
- □ 酒はそろっているか
- □ 数量を把握しているか
- □ 商品知識は大丈夫か
- □ 食器、器の数はそろっているか

（（（ フロア ）））

- □ お出迎えや電話応対の言葉使い、態度など
- □ スタッフ間のコミュニケーション
- □ 電話、ファクスなどは正常な状態か
- □ 座席へ案内する手順、方法の確認
- □ スタッフの服装、身だしなみは整っているか

営業中

とまどうことも多いが、そんなときこそ落ち着いて対応したい。練習したことだけでなく、柔軟な対応も大切だ。

（（（ 厨房 ）））

- □ 調理の手順は効率的か
- □ 味つけや燗の温度は一定か
- □ 調理ミス時の対応
- □ 食器洗いをこまめに
- □ フロアとの連携を密に

（（（ フロア ）））

- □ お勧め料理、品切れ品などの案内
- □ オーダーの順番の確認
- □ 料理を出すタイミング
- □ オーダーミス時の対応
- □ おかわりや食器下げのタイミング

閉店後

浮き彫りになった反省点を確認し、再発防止につとめる。翌日のための仕込みや準備、発注するものなどを確認する。

（（（ 厨房 ）））

- □ 在庫の確認と翌日のための発注
- □ 仕込みや下準備
- □ 調理手順の再確認
- □ 厨房の清掃
- □ メニュー構成の見直し、開発

（（（ フロア ）））

- □ レジ締め
- □ 接客応対の再確認
- □ 予約のメールやファクスのチェック
- □ ミスやクレームの分析と対応確認
- □ フロアの清掃

オープンに備えてシミュレーションしてみよう

より実践的な経営感覚をつかむには、オープン当日を想定したシミュレーションを行うのが効果的だ。

その際、友人や知人、近所の人などにお客さまとして来てもらい、本番同様の状態にすること。顔見知りだからとはいえ、緊張感をもたずにやっては意味がない。お客さま役の人には、接客態度や味だけでなく、気づいたことは何でも注意してもらうようにお願いしておこう。

また、マスコミ関係者や同業者を招いてのレセプションを開催するとなると、より本番に近い対応が迫られる。雑誌に紹介されたり、ライバルに視察されるという緊張感は、普段は味わえないもの。新しい人脈ができたり、仕入れやメニューの参考になることが見つかるかもしれない。

お金をいただくわけではないので出費は覚悟しなければいけないが、ムダにはならないはず。それだけの価値を見出せるようなイベントにしよう。

つい忘れがちなポイントを いまのうちに把握しておこう

いかに事前準備やシミュレーションが万全にできたとしても、実際はなかなか思うようにいかないことも多い。小さな問題をそのままにしておくと、次第に大きなトラブルに発展！ そんなことにならないよう、問題を見極め、早期に解決しよう。

問題点を探り的確な対応をしよう

新規オープンのお店は珍しさも手伝って、比較的多くの集客が見込めますが、それもあまり長くは続きません。もちろん最初からずっと繁盛しているお店もありますが、やがて客足が遠のくお店のほうが多いのが現実です。

しかし、お客さまが入らないからといって消極的になるのではなく、問題はどこにあるのかを冷静に見極めることが大切になってきます。うまくいかない原因は、「メニュー」「接客」「クレンリネス」「そのほかの原因」と分けて考えるとわかりやすいでしょう。

メニューで問題になるのは味ばかりではありません。おいしく飲ませるための提案がなかったり、品ぞろえに特徴がなかったりで、個性に乏しいことなど。また、価格に見合っていないと思われてしまうと、お客さまは再度来店する気になりません。

仕事に慣れてしまい気づかないことも

自分がよかれと思った接客態度が、もしかしたらお客さまを不愉快にさせているかもしれません。

また、お店が汚いのは、飲食店として致命的です。味や品ぞろえがよくても、汚いだけですべてが悪く感じてしまうこともあります。

もちろん、そのほかの原因も疑ってみるべきです。照明が明るすぎるとか、イスが低すぎるなど、普段店内にいると気づきにくいことだったりもします。

このような些細なことは、毎日の営業に慣れるにつれ気づきにくくなる傾向があります。そのためにも、ときには他店を訪れ、長所短所について観察することが大事になるのです。

さらに、普段からスタッフ同士で意見交換し、気になったポイントは改善していくことが必要です。

■地域との共生

居酒屋の経営は、ゴミ出し、臭い、騒音、酔っ払い客の対応など、周辺住民に迷惑となる可能性をたくさん秘めている。

とくに地元の土地以外で開業する場合、地域のルールや慣習について、最初にしっかり把握しておくことが大切だ。

オープン後のチェックポイント

以下のポイントを毎日チェックすることで、問題点を浮き彫りにし、早めに解決していくことが大切だ。

メニュー	品数、種類	□
	素材、銘柄へのこだわり	□
	調理時間、手順の効率化	□
	味つけ、盛りつけ	□
	在庫品の数量、保存状態	□
接客	出迎え、見送りのあいさつ	□
	言葉使い、態度	□
	オーダーのさばき方、提供の順番	□
	商品知識	□
	お客さまの立場で考えているか	□
クレンリネス	外観看板の汚れや破損	□
	テーブル、食器の汚れやベタつき	□
	トイレの汚れ、アメニティグッズなどのストック	□
	スタッフの服装、身だしなみ	□
	厨房の汚れ、臭い	□
その他	照明、空調、BGM	□
	内装、インテリア	□
	イス、テーブルの高さ、座り心地	□
	スタッフ同士の連携	□
	地域とのコミュニケーション	□

クレームは真摯に受け止めよう

クレームの原因はスタッフのミスだけでなく、お客さまの勘違いということもあります。大切なのは、どんな場合でも、相手の話をよく聞き、理解に努めること。その場しのぎに、よく考えもせず新たな料理に取り替えたり、食事券を与えたりというのでは、本当の解決にはならないし、相手の理解も得ることはできません。

クレームの原因が何であるかを理解することで、その姿勢が相手に伝わり、怒りは納まるもの。相手を落ち着かせるためにも、自分がまず冷静になることが大切です。

クレーム対応のポイント

・相手の怒りの内容を理解、整理する
・事実を確認し、原因を分析する
・何を求めているかを把握し、適切に対処する
・たとえ勘違いであっても、恥をかかせないよう注意する

長く愛されるような人気の居酒屋になるために

お店のオープンはゴールではなく、通過点にすぎない。いかに多くのお客さまに愛され、長続きできるか——それを、真の目標としてこそ成功も見えてくるだろう。お店の開業にこぎつけたら、次は人気店をめざして進もう！

経営方針に迷ったら コンセプトに立ち返ろう

いざ開店したからには、やはり長続きさせたいもの。そのためには、定期的に訪れてくれるリピーター客を数多く獲得することが重要です。

一度訪れたお店にまた行きたくなるのは、そのお店にそれだけの魅力があるから。おいしい酒や料理、落ち着ける雰囲気、店主との気のおけない会話など、何か明確な来店目的があるからこそ、人々は「また来たい！」と思ってくれるのです。

お店を続けるうちに、「価格を下げたいが素材にもこだわりたい」といったジレンマに陥ることがあるかもしれません。そんなときは、まずお店のコンセプトに立ち返ること。仕入れ先を変えてみるのか、素材の質を下げるのか、コンセプトにふさわしい方法があるはず。

お店が順調でも つねに努力し続けること

お客さまは意外と飽きっぽいもの。こだわりは大切ですが、つねに最新ニーズに触れ、季節メニューを開発したり、蔵元を招いて試飲会を開くなど、目新しいサービスが提供できないか検討してみましょう。お客さまを飽きさせないためには、日々の努力が必要です。

さらにスタッフ同士のコミュニケーションもお店を長続きさせるポイント。お店の人間関係がうまくいっていないと、どうしてもそれが雰囲気に表れ、お客さまを居心地悪くさせます。

顔見知りになったお客さまに試作品の味見をお願いして意見を聞くのもいいでしょう。地域の人たちと仲よくなれば、お客さまを紹介してくれたり、いろいろ手助けしてくれるかもしれません。

自分のお店ではあっても、1人でできることには限界もあります。さまざまな人との出会いを大切に、お店とともに成長したいものです。

■売り上げアップのヒント

売り上げの低迷が長く続くようなら、思いきった変革も必要。対策としてコスト削減を思いつく人は多いが、赤字は減っても、売り上げアップに直結するものではない。

苦しいときこそ積極的な対策を取ることも検討してみるべきだ。たとえば広告を増やしたり、研修や勉強会などに時間と資金を注ぎ込んでみるなど。たとえ売り上げが好調でも、つねにスキルアップは不可欠。自分とスタッフを磨かなければ、お店の価値を上げることなどできないだろう。

リピーター客を獲得するための7つのヒント

1「来店目的」となる魅力をつくる

お店のウリとなる酒や料理、品ぞろえ、雰囲気など、何か1つでもほかのお店に負けないものをつくろう。「あのお店に行けば○○がある！」と思わせることがポイントだ。

2「お値打ち感」を表現する

お値打ち感とは、価格に対してのお客さまの満足度が高いこと。「ほかのお店なら2人前はある！」「安いのにサービスは一流」など、いろいろな部分で表現することができる。

3 いつ訪ねても「飽きさせない変化」

いつも変わり映えしないお店に、何度も足を運ぶ人は多くない。限定メニューやイベント、店主の知識など、いつお店にいらしても楽しく過ごしてもらえる何かをつくろう。

4「心地よさ」を提供する

丁寧な言葉遣いや、気のきいた応対は当然ながら、お客さまがいま何を求めているのかを、相手の立場になって考えることが大切。感謝の気持ちをつねに忘れないようにしよう。

5「顧客ニーズ」をうまく汲み取る

お客さまのニーズはつねに変化する。流行だけでなく、新しい道路やマンションができるだけで客層が大きく変わることも。ニーズを読みつつ、お店づくりに反映させよう。

6「コミュニケーション」を大切に

お客さまはもちろんスタッフ同士、取引先、近隣住民など、どれか1つでも人間関係がおかしくなると、お店を長続きさせることは難しい。つねに意見交換や話し合いをすること。

7 お店の「コンセプト」に立ち返ろう

お店づくりの基本となるコンセプトは、問題が起きたときや、何か変化が訪れたときに指針となる。解決へのヒントは、必ずコンセプトそのものに秘められている。

■著者紹介
バウンド
経済モノ、ビジネス関連、生活実用書などを得意とする、コンテンツ制作会社。企画立案から書店先まで、書籍の総合プロデュースを手がける。主な作品に「お店やろうよ！ シリーズ①〜⑥」『イー・トレード証券ではじめるかんたんネット株取引』（以上、技術評論社）『緊急改訂版 安心して生涯住めるマンション一発判定』（双葉社）『30代からの自己発見ノート』（河出書房新社）ほか。
URL http://www.bound-jp.com/

編集■小寺賢一（バウンド）
秋山絵美、歌川隆介（技術評論社）
装丁・本文デザイン■中野岳人
店舗イラスト■佐藤隆志
撮影■坂田隆／黒澤宏昭／吉村誠司／泉澤徹／杉本剛志
本文イラスト■藤田裕美／佐藤隆志
編集・執筆協力■白井英之／二階幸恵／皆川理絵／辻美穂
DTP■株式会社明昌堂

■本書へのご意見・ご感想は、ハガキまたは封書にて、以下の住所でお受け付けしております。電話でのお問い合わせにはお答えしかねますので、あらかじめご了承ください。

■問い合わせ先
〒162-0846
東京都新宿区市谷左内町21-13
株式会社 技術評論社　書籍編集部
「はじめての「居酒屋」オープンBOOK」
感想係

お店《みせ》やろうよ！⑦
はじめての「居酒屋《いざかや》」
オープンBOOK《ブック》

2006年 8月 1日　初版　第1刷発行
2013年 8月15日　初版　第7刷発行

著　者■バウンド
発行者■片岡　巖
発行所■株式会社技術評論社
東京都新宿区市谷左内町21-13
電話　03-3513-6150　販売促進部
03-3267-2272　書籍編集部
印刷／製本■日経印刷株式会社

ISBN4-7741-2824-4 C0034
Printed in Japan